Laos · Kambodscha

Fotografie
Martin Thomas

Text
Martina Miethig
Karl-Ludwig Wetzig

Bucher

Laos · Kambodscha

Inhalt

Wat Phu: eines der wichtigsten Heiligtümer von Laos.

That Luang ist das Wahrzeichen von Vientiane.

Dem Mekong und seinen zahlreichen Nebenflüssen verdankt Laos seine üppige Vegetation.

Freundlicher Empfang in Paksan, Südlaos.

Sommerfrische am Golf von Thailand: der Küstenort Kep.

Mitten im Urwald liegt die weltberühmte Tempelanlage von Angkor.

Nicht bequem, aber praktisch: ein Sammeltaxi.

Das Wahrzeichen Kambodschas: Angkor Wat.

Ein von buddhistischen Mönchen bewohnter Tempel wird Wat genannt. Herzstück der Anlage ist der Sim, in dem eine oder mehrere Buddha-Statuen aufbewahrt werden und in dem morgens und abends die Gebete stattfinden; hier der Sim von Wat Sene in Luang Prabang (rechts). – In vielen Wats werden Mönche ausgebildet, wie im Wat Sayaphoum in Savannakhet (Südlaos, oben).

«Die Ebenen sind golden, und man kann meilenweit blicken. Alle arbeiten gemeinsam, alle tragen Reisbündel, sogar die kleinen Kinder. Und immer in der Ferne die Berge.»

Christopher J. Koch

Endlose Reisfelder, Zuckerpalmen und ausgedehnte Regenwälder prägen die Landschaft im **Zentrum**, im **Osten** und im **Süden Kambodschas**. Die Küste wartet mit weißen Stränden auf, und **Phnom Penh** erholt sich langsam von den Schrecken des Krieges.

Laos' Hauptstadt **Vientiane** war schon vor fünfzig Jahren Treffpunkt der Nationen, und noch heute bezaubert der verträumte Charme der Stadt ihre Besucher. In der **Umgebung** lockt der blaue Nam Ngum-See.

Überwältigend sind die Ruinen von **Angkor**, das einst Zentrum des mächtigen Khmer-Reiches war. Der riesige Tonle Sap-See bestimmt das Leben der Menschen im **Westen Kambodschas**. Ein unvergeßliches Erlebnis ist ein Besuch der Bergdörfer mitten in den dichten Wäldern des **Nordens**.

Das fruchtbare Bolaven-Plateau, der schöne Bergtempel Wat Phu sowie die Wasserfälle und Inseln im Mekong sind nur einige der Höhepunkte in **Zentral- und Südlaos**.

Luang Prabang mit seinem Königspalast und seinen über dreißig Tempeln gehört zu den schönsten Städten der Erde. Auch außerhalb der Königsstadt hat **Nordlaos** viel zu bieten – etwa die Ebene der Tonkrüge oder die geheimnisvollen Pak-Ou-Höhlen am Mekong.

CHINA
CHINA
VIETNAM
LAOS
THAILAND
KAMBODSCHA
VIETNAM
Hainan
Golf von Tonkin
Golf von Thailand
Südchinesisches Meer
Mekong
Mekong
Nam Ngum-Stausee
Tonle Sap-See
Muang Khua
Luang Prabang
Vang Vieng
Vientiane
Nong Khai
Tha Khaek
Savannakhét
Pakse
Wat Phu
Ubon Ratchatham
Surin
Bangkok
Angkor
Siem Reap
Battambang
Kompong Cham
Phnom Penh
Kompong Som (Sihanoukville)
Kampot
Stung Treng
Banlung
Hanoi
Hai Phòng
Fangcheng
Qinzhou
Lianzhou
Beihai
Vinh
Hué
Dà Nang
Plây Cu
Qui Nho'n
Nha Trang
Phan Thiêt
Biên Hòa
Saigon
Vung Tau
Cân Tho'
Cà Mau
0
100 km
N

Das spirituelle Herz Indochinas

Aus der Tempelhalle dringen gemurmelte Gebete in Pali, der Sprache des Buddhismus. Kreuz und quer liegen Sandalen und Badelatschen vor der hohen goldenen Schwelle. Zwischen den Wandgemälden mit Szenen aus Buddhas Leben sitzen die Frauen auf nach hinten verschränkten Beinen, viele in weißer Kleidung und mit geschorenem Kopf. Die Hände vor der Brust gefaltet, verharren sie in kerzengerader Anmut. Eine ganze Stunde beten sie nun schon zusammen mit dem Abt. Eine Greisin klopft sich auf die knöcherne Hüfte, die Nachbarin streicht ihr sanft über die schmerzende Stelle, massiert sie. Doch so anstrengend das stundenlange Ausharren in dieser Stellung auch ist: Keine der Gläubigen käme auf die Idee, dem Bronze-Buddha auf dem Altar die Füße entgegenzustrecken! Über ihm hängt ein grellbuntes Lichtspiel mit einer sich drehenden Neonspirale, die eine Lotosblüte darstellt. Das kreisende Licht, immer wiederkehrend wie der Kreislauf der Wiedergeburt, wirkt zusammen mit dem monotonen Singsang fast hypnotisierend. Die Schwaden der Räucherstäbchen betören durch ihr Sandelholzaroma und tragen die Gebetsformeln zum Lehrmeister der Frauen, dem «Erleuchteten». Immer wieder verbeugen sich die Betenden dreimal, die Hände auf der Bastmatte: einmal für Buddha, ein zweites Mal für seine Lehre und ein drittes Mal für die Mönchsgemeinde. Nur diesen «drei Juwelen», den Säulen des Buddhismus, gilt ihre Ehrerbietung. Keinem Herrscher sonst, keinem König oder Diktator. Der tiefempfundene Buddhismus gibt den Menschen in Laos und Kambodscha Kraft und Trost, Leid zu ertragen und zu überwinden. Nicht immer war es in den Tempeln so friedvoll wie heute.

Die Lebensader von Laos und Kambodscha: der fischreiche Mekong, mit 4842 Kilometern Länge der drittlängste Fluß Asiens und einer der größten Ströme der Erde (oben). – Der Stupa des That Luang in Vientiane, der Hauptstadt von Laos, wurde auf einem indischen Heiligtum aus dem 3. Jahrhundert vor Christus errichtet (rechte Seite).

Ta Prohm südlich von Phnom Penh wurde im 12. Jahrhundert erbaut. Kleine «Reiseführerinnen» warten hier auf Besucher, die sich die Tempelanlage zeigen lassen wollen.

Die Schatten der Vergangenheit

Zwei der letzten, über Jahrzehnte abgeschotteten Länder Asiens lüften langsam den Bambusvorhang. Schockiert durch Fernsehbilder von brennenden Landschaften und Flüchtlingsströmen, von Berichten über den Massenmord durch die Roten Khmer, schaute die Welt vor 25 Jahren auf diese Region. Heute weiß kaum jemand, wo genau Laos liegt oder wie man Phnom Penh schreibt, geschweige denn ausspricht. Allenfalls erinnert man sich an die Glorie von Angkor. Laos und Kambodscha sind das spirituelle Herz Indochinas, umgeben von den mächtigen Nach-

Liebevoll bis ins Detail geschmückt werden nicht nur die buddhistischen Hochzeitstafeln (oben), sondern auch die Opfergaben für den Tempel. Früchte, Blumen und Räucherstäbchen sind feste Bestandteile der Dekoration (rechts).

Bei einem traditionellen Musikensemble dürfen die Sängerinnen und das Raneat, ein xylophonartiges Instrument, nicht fehlen (unten).

barn Thailand und China und dem einstigen Kriegsschauplatz Vietnam. In Laos' verträumter Hauptstadt Vientiane lebten während des Krieges alle Tür an Tür und trafen sich auf Cocktailempfängen: Nordvietnamesen und Südvietnamesen, Russen und Amerikaner, Westdeutsche und Ostdeutsche, Franzosen und Engländer – und die Spione aller Nationen. Dem friedlichen Königreich schien seine Neutralität sicher. Und doch traf der Vietnamkrieg das unscheinbare Laos ab 1964 wie kein anderes Land. Ein Inferno aus der Luft – auf Laos fielen mehr Bomben als im Zweiten Weltkrieg auf Europa und Japan! Hier warfen die Amerikaner insgesamt zwei Millionen Tonnen Sprengstoff ab: alle acht Minuten eine Bombenladung, 24 Stunden am Tag, neun Jahre lang. Im Fadenkreuz der B-52-Bomber lag der Ho-Chi-Minh-Pfad, jenes Wegenetz im Dschungel, über das die Nordvietnamesen ihren militärischen Nachschub über laotisches und kambodschanisches Territorium nach Süden brachten (siehe Seite 97). In den abgelegenen, bergigen Grenzregionen verloren die Amerikaner den Krieg und auf lange Zeit auch ihr Gesicht in Asien.

Das Jahr Null und die Folgen

1975 war ein Schicksalsjahr. Zuerst marschierten die Roten Khmer in Phnom Penh ein, um ihr mörderisches «Year Zero» einzuläuten, zwei Wochen später fiel die südvietnamesische Hauptstadt Saigon und wurde in Ho-Chi-Minh-Stadt umbenannt, und schließlich siegte auch in Laos die Revolution – auf die gewohnt leise, unspektakuläre Art der Laoten. Im Vergleich zu den Revolutionen der kommunistischen Brüder in den Nachbarländern war die Befreiungsbewegung Pathet Lao («Land der Lao») geradezu harmlos: Während die Roten Khmer eine Blutspur im eigenen Land hinterließen, übernahm die Pathet Lao nahezu gewaltlos die Macht und steckte ihre Gegner für einige Monate ins Umerziehungslager. Der laotische König Savang Vattana starb vermutlich nach der Verschleppung in ein solches Lager. Vielen seiner Landsleute gelang die Flucht – über den Mekong nach Thailand war es ein Katzensprung. Dort, in der nordostthailändischen Provinz Isaan, leben bis heute überwiegend laotische Thais.

Ein Vierteljahrhundert später sind Hunderttausende Flüchtlinge heimgekehrt, aus Überresten von Bomben wurden Blumenkästen, Wassertröge und Gartenzäune. Nur die Amerikaner sind noch immer auf der Suche nach einigen Hundert «MIA's», US-Soldaten «missing in action». Hätten die Amerikaner damals nur mehr auf die Franzosen gehört! Keine Nation kannte die Region und die Denkweise der Einheimischen besser. Die genußbegabten Franzosen paßten auf den ersten Blick hervorragend zum gemächlichen Lebensstil ihrer Kolonien. Ein französisches Bonmot aus den Tagen der Kolonialzeit sagt diplomatisch: «Die Vietnamesen pflanzen den Reis, die Khmer schauen zu, und die Lao lauschen, wie er wächst.» Trotzdem mußten die weißen «Messieurs» dem nationalen Bewußtsein und Freiheitsdrang im ersten Indochina-Krieg weichen. Von der kolonialen Ära zeugen heute nur noch – neben dem Baguette – charmant-verwitterte Bauten in weichem Ockergelb mit Ziegeldächern, pastellfarbenen Fensterläden und Arkaden. Das Monsunklima hat sie mit einer düsteren Schicht überzogen; manche wurden herausgeputzt als hochherrschaftliche Hotels, in denen lilablühende Bougainvilleen und knarrende Rattansessel die Gäste empfangen.

Die Angehörigen der Bergstämme in Nordlaos tragen oft noch ihre traditionellen Trachten (rechte Seite). – Alte chinesische Münzen zieren die Kopfbedeckungen der Akha-Frauen (oben).

Zwischen Tradition und Moderne

Inzwischen kommen viele, um auf den Spuren der Franzosen und berühmter Reisender wie dem Schriftsteller William Somerset Maugham zu wandeln und dem «morbiden» Charme der beiden buddhistischen Länder zu erliegen – einer faszinierenden Atmosphäre aus schwerlastender Hitze, dem unergründlichen Lächeln in den Gesichtern und dem Menschen-Räder-Gewirr aus Rikschas und Kulis. Einige Besucher sind vielleicht desillusioniert, wenn sie mit ihrem «cyclo» im Stau steckenbleiben, vergeblich nach den berüchtigten Opiumhöhlen suchen und feststellen, daß auch manche Wahrsager heutzutage Krawatten tragen. In den beiden Hauptstädten Vientiane und Phnom Penh ist das koloniale Flair wie ein langer, letzter Atemstoß – ein Hauch von Vergänglichkeit.

Jenseits von verklärender Nostalgie bleiben die unverwechselbaren Landschaften, die Farben und Gerüche. Der Mekong verbindet Laos und Kambodscha und sorgt für die Hauptnahrungsmittel der beiden Völker: Reis und Fisch. Wolkenfetzen spiegeln sich in den nassen Reisfeldern, im Uferschlamm suhlen sich Wasserbüffel, wiederkäuend und glotzend wie vor tausend Jahren. Ebenso lange schon treiben die Bauern diese sympathischen, urzeitlich anmutenden Tiere zum Pflügen über die fruchtbare Erde. Je nach Jahreszeit schimmert die Kulturlandschaft in Grün, Schlammbraun oder Goldgelb. Wenn die Monsunwolken drohend tief und grauschwarz über den Reisfeldern hängen, leuchtet das Schachbrettmuster in allen Grüntönen fast phosphoreszierend. Nach der Ernte trocknen die gelben Reiskörner, die roten Chilis und orangefarbener Mais am Straßenrand.

Zu den traumhaften Bildern der südostasiatischen Tropen gesellen sich die Laute, die sanft, unaufdringlich und noch nicht

von der schrillen Modernität des Westens überlagert sind. Die Palmen, die leise zischeln und seufzen, das Summen der Zikaden im Dschungel, das hundertfache Bimmeln der Glöckchen an den Tempeldächern, mit denen der Wind spielt, das allgegenwärtige Kratzen der Reisigbesen und das Schlurfen der Sandalen auf dem Asphalt. Alte Frauen gehen federnden Schrittes und mit wippenden Schultertragen zum Markt, wo es neben bunter Tupperware und Hühnern auch Heuschrecken am Spieß gibt. Ein kleiner

Vom 9. bis zum 13. Jahrhundert, der Blütezeit der Khmer, entstanden die Tempelanlagen von Angkor im Nordwesten Kambodschas. Ein Teil davon ist Angkor Thom mit dem Bayon-Tempel (oben), den Dämonenfiguren (links) und Banteay Srei (rechte Seite).

Nudelsuppenverkäufer schlägt bei seinem Gang durch die Gassen rhythmisch auf ein ausgehöhltes Holzstück und nimmt Bestellungen entgegen. Das Leben auf der Straße zieht sich nur bei den apokalyptischen Regengüssen in die Wohnläden hinter Ziehharmonikagitter zurück, und sobald die Sintflut vorüber ist, dampfen wieder der Asphalt wie auch die Woks auf den rollenden Suppenküchen. Eine Wolke Chili reizt die für hiesige Verhältnisse lange Nase der Fremden, der Duft von Jasminketten und Weihrauchschwaden aus Amber und Lotos besänftigen die Sinne wieder.

Die Laoten und die Khmer – beide lange Zeit fremdbestimmte und vom Krieg erschöpfte Völker – versuchen im 21. Jahrhundert, zu ihrer kulturellen Identität zu finden. In Laos restaurieren und übersetzen Wissenschaftler mit deutscher Hilfe bis zu siebenhundert Jahre alte Palmblattmanuskripte von unschätzbarem Wert in Lao- und Pali-Schrift, die in insgesamt 2800 Tempeln gefunden wurden: Märchen, Landesgeschichte, Astrologie, Heilkunst und

Fortsetzung Seite 24

Der Nam Khan, Nebenfluß des Mekong, bei Luang Prabang.

Daten und Bilder zur Geschichte

1

2

3

4

5

1 Auf den Wandreliefs der Westgalerie von Angkor Wat sind die grausamen Khmer-Schlachten dargestellt. – 2 König Sisowath herrschte von 1904 bis 1927 über Kambodscha. – 3 Am 22. Oktober 1953 unterzeichnen der laotische König Sisavang Vong I. und der französische Staatspräsident Vincent Auriol den Freundschafts- und Bündnisvertrag zwischen Frankreich und dem im Rahmen der französischen Union assoziierten Königreich Laos. 4 Das Königsschloß von Luang Prabang auf einer Fotografie von 1928/29. – 5 Sisavath Keobounphanh ist seit dem 24. Februar 1998 Regierungschef der Demokratischen Volksrepublik Laos.

LAOS

1353–1373 König Fa Ngum gründet Lane Xang.

1694–1892 Nach jahrzehntelangen Machtkämpfen zerfällt das Land um 1800 in die drei Königreiche Vientiane, Luang Prabang und Champasak.

1893 Laos wird Teil des französischen Kolonialreiches Indochina und Protektorat.

1945 Japan besetzt Laos.

1945–1954 Die Bewegung Lao Itsala ruft die Unabhängigkeit aus. Frankreich beginnt 1946 mit der Rückeroberung.

1954 Indochina-Abkommen: Laos wird offiziell unabhängig.

1964–1973 Die USA bombardieren im Zuge des Vietnamkriegs laotisches und kambodschanisches Territorium.

Ab 2. Dezember 1975 Die kommunistische Bewegung Pathet Lao ruft die Volksrepublik aus, Prinz Souphanouvong wird Präsident. Ein Zehntel der Bevölkerung verläßt das Land, darunter ein Großteil der laotischen Intelligenz. Ab 1985 Wirtschaftsreformen unter dem Schlagwort «chintanakan mai» (Neues Denken).

1997 Laos wird Mitglied der südostasiatischen Staatengemeinschaft ASEAN.

1998 Erstmals hat Laos über eine halbe Million Touristen.

6 Ab 1970 greift der Vietnamkrieg auf Kambodscha über. Um den Ho-Chi-Minh-Pfad zu unterbrechen und alte Grenzgebiete zurückzuerobern, operierten südvietnamesische Truppen in Ostkambodscha (Fotografie von 1971). – 7 Eine der schillerndsten Persönlichkeiten der kambodschanischen Geschichte ist König Norodom Sihanouk. 8 Pol Pot, der frühere Diktator und Anführer der Roten Khmer, wurde für den Völkermord an mindestens einer Million Kambodschaner verantwortlich gemacht.

KAMBODSCHA

802 König Jayavarman II. gründet das Khmer-Reich Angkor, das um 1200 unter Jayavarman VII. seine größte Ausdehnung erlangt.

1430–1431 Die Thais erobern Angkor. In den folgenden Jahrhunderten geht das Khmer-Reich nach und nach unter.

1841 Doppelherrschaft der Thais und Vietnamesen.

1863 Frankreich vereinbart ein Protektoratsabkommen für das Königreich Kambodscha.

1941 Norodom Sihanouk wird König, tritt 1955 zugunsten seines Vaters Suramarit zurück.

1953 Unabhängigkeit von Frankreich.

1960 Nach dem Tod seines Vaters wird Sihanouk Staatschef.

6

7

März 1970 General Lon Nol putscht gegen Sihanouk. Der Vietnamkrieg wird offiziell auf Kambodscha ausgeweitet.

17. April 1975 Einmarsch der Roten Khmer in Phnom Penh. Das fast vierjährige Regime unter Pol Pot fordert ein bis zwei Millionen Opfer.

7. Januar 1979 Vietnamesische Truppen vertreiben die Roten Khmer und bleiben bis 1989 in der Volksrepublik.

23. Oktober 1991 Die Bürgerkriegsparteien unterzeichnen in Paris einen Friedensvertrag.

März 1992 Beginn der UN-Mission (UNTAC) in Kambodscha mit 22 000 Soldaten.

24. September 1993 Die Verfassung wird verabschiedet.

8

Konstitutionelle Monarchie unter Sihanouk.

26. September 1993 Abzug der UN-Truppen. Kämpfe gegen die Roten Khmer dauern an.

1998 Nach dem Tod Pol Pots Eintritt der meisten Roten Khmer-Soldaten und Offiziere in die Regierungsarmee.

1999 ASEAN-Beitritt.

2001 Fast alle Roten Khmer-Führer gelten als amnestiert; einige sind Regierungsmitglieder, wie der langjährige Premierminister Hun Sen.

Gesetze aus längst vergangenen Zeiten. In Kambodscha klingt wie früher das «ting-ting-ting-da» durch die Königliche Akademie der Schönen Künste, die unter den Roten Khmer geschlossen und 1979 wiedereröffnet wurde. Hier bringen nun ergraute Lehrer und die letzten Tänzerinnen, die das Pol-Pot-Regime überlebt haben, mit dem Taktstock den anmutig schwebenden Schülerinnen wieder die rund 3500 Bewegungen und Gesten des klassischen Khmer-Tanzes bei – bis in die graziös gebogenen Fingerspitzen.

Hinter den immer moderner werdenden Kulissen sind die alten Traditionen und der Geisterglaube noch lebendig: Wer die

Reisfelder bis zum Horizont: Blick vom Phnom Da bei Takeo (großes Bild). – Kühe sind ein wertvoller Besitz; sie werden liebevoll gewaschen (linke Seite unten). – Auf Fahrrädern bringen die Frauen die Kohlensäcke zum Markt (unten).

Laoten und Kambodschaner kennenlernen möchte, sollte mit ihnen feiern oder die zeitlose Atmosphäre in einem Tempel genießen, am besten ohne Fotoapparat und Videokamera. Vielleicht ergibt sich sogar die Gelegenheit, bei einer kambodschanischen Hochzeit dem Haarschneide-Ritual beizuwohnen, bei dem das «Böse» mit Messer und Schere symbolisch gekappt wird. Ein kulinarisches Erlebnis ist die Suppe nach Khmer-Hausfrauenart – mit einer Prise Marihuana ganz legal gewürzt. Und besonders eindrucksvoll sind die Beschwörungen der Flußgeister durch die Schamanen während der Ruderfeste.

Doch die Moderne hält Einzug in allen Bereichen des Alltags, und sie wird von vielen Laoten und Kambodschanern herbeigesehnt. Die Kontraste sind brutal für das westliche Auge, das Farbenpracht und Exotik erwartet, und für die westlichen Ohren, die ausschließlich Stille hören wollen: Angehörige von Bergstämmen fahren mit Pickups zum Markt, rotznäsige Kinder hantieren ganz selbstverständlich mit Gameboys, das Tempelstädtchen Luang Prabang präsentiert sich an manchen Ecken ganz und gar nicht als letztes tropisches Shangri La – Mofageknatter und Karaoke können den Touristen nachts den Schlaf rauben –, und in Phnom Penh segnen Mönche den Neuwagen eines Gläubigen im Klosterhof eimerweise mit Weihwasser. Verstoßen nicht Fortschrittsglaube und Wohlstandsstreben in beiden Ländern offensichtlich gegen Buddhas Lehre? Oder läßt man am besten den Dingen mit Gleichmut ihren Lauf – im Vertrauen auf Buddha, dessen wichtigste Erkenntnis vor 2500 Jahren war: Alles ist vergänglich.

Laos – Land der leisen Töne

Vom Bergkloster Phu Ngoy im Süden von Laos gehen die Augen auf Fernreise über die weite Mekong-Ebene, über den Fluß, der sich wie eine braune Schlange durch ein Meer aus Grün windet.

Weit und breit kein Haus, kein Berg, nur Grün. So müssen Orte der Erleuchtung aussehen. Drei Mönche und sechs Novizen leben hier oben in «kutis», kleinen Hütten, die auf hohen Stelzen neben dem Holztempel stehen. Der Vorsteher des Klosters, Khammanh, geht mit seinen 68 Jahren noch immer jeden Morgen auf steilen, ausgetretenen Stufen mit seiner Bettelschale hinunter ins Dorf, um sie später gut gefüllt wieder nach oben zu tragen. Mit ihrer Spende tun die Gebenden etwas Gutes für ihr Karma und für ihr nächstes Leben. Ob er als buddhistischer Lehrmeister außer

an Buddha auch an Götter und Geister glaubt? Nachdem er ein «wai pha»-Gebet gesprochen und den weißen, beschützenden «basi»-Faden (siehe Seite 54/55) um das Handgelenk des Klosterbesuchers geknotet hat, erzählt Abt Khammanh von den Geistern zweier Liebenden in den seltenen Süßwasserdelphinen im Mekong, vom «Samoy Anon», dem großen Fischgeist, von der «Geisterfalle» Khone Li Phi, den Stromschnellen, wo die Naga-Schlange, ihre Verbündeten und viele gefangene Seelen hausen. Auch wenn Laos in den vergangenen dreißig Jahren den Zeitsprung vom Mittelalter ins 21. Jahrhundert gewagt hat – die Natur ist und bleibt von Geistern, den «phi», beseelt: im Wald, in den Bäumen, auf den Feldern und im Wasser, sie sind gut oder böse, glücksbringend oder unheilvoll, sie verheißen reiche Ernte, Genesung oder Kinderlosigkeit – je nach Generosität und Respekt der Gläubigen. Besonders die Bergstämme im Norden des Landes und die Minderheiten leben in der Harmonie der Kräfte. Die Geister, die alle älter als Buddha sind, vertragen sich hervorragend mit ihm.

Nach 1975 war die Volksrepublik Laos nahezu unzugänglich, kaum ein (westlicher) Fremder wurde ins Land gelassen. Davor

Ein Taxifahrer bringt zwei gut gefütterte Schweine zur Auktion nach Sisophon. Auf dem Rücken liegend, werden die lebenden Tiere auf dem Moped festgeschnallt (links oben). – Die grünen Fruchtstände der Lotosblumen lassen nichts von den wunderschönen Blüten erahnen, die die Pflanzen entfalten. Der Wurzelstock und die Samen des Seerosengewächses sind eßbar (rechts). – Bananen (oben und rechte Seite unten) gedeihen aufgrund des tropischen Klimas besonders gut.

Die Gleichberechtigung der Geschlechter ist im Gesetz verankert, die Realität sieht jedoch anders aus. Als Kinder genießen Jungen und Mädchen zwar die gleichen Freiheiten, aber bereits in der Ausbildung sind junge Frauen deutlich benachteiligt, vor allem in ländlichen Regionen (links).

war das Land ein Reich aus Märchen und Legenden mit Königen in Palästen und – wie es sich für ein Sagenreich gehört – verfeindeten Prinzenbrüdern. Nach seiner Gründung durch König Fa Ngum vor siebenhundert Jahren hieß es Lane Xang, das «Reich der eine Million Elefanten». Das fast menschenleere Laos war in seiner Geschichte immer bedrängt durch seine Nachbarn; sie überrannten die Königsstädte, plünderten sie und steckten sie in Brand – auch die Tempel. Nicht nur diese Feindschaft und die sozialistischen Herrscher sorgten für die lange Zurückgezogenheit. Dichter, undurchdringlicher Dschungel, abweisende, schroffe Berge, ein Strom, der mächtig tosend, dann aber wieder flach und nicht schiffbar ist – das alles machte Laos zu einem weißen, lange übersehenen Fleck auf der Landkarte, bewohnt von einem offenbar genügsamen Bauernvolk, für dessen Alltagsrhythmus das Wort «langsam» kaum mehr ausreicht.

Den himmelweiten Unterschied zu den Nachbarländern kann der Besucher noch heute auf dem Mekong erleben, etwa bei Vientiane und Savannakhet: Im Westen liegt Thailand mit seinen Hochhäusern und Villen, Satellitenschüsseln und Sendemasten, aus den Karaokebars schallt Musik über den Mekong, und nachts leuchten die Lichter am Ufer hell und verlockend herüber. Im Osten erstreckt sich das flach bebaute Laos, wo ein Fischer beim Sonnenuntergang ein Liedchen trällert, während er seine Netze einholt, bis die Dunkelheit ihn verschluckt. Verglichen mit Laos erscheint selbst der verarmte thailändische Nordosten hypermodern und voller Dynamik. Die erste Brücke, die über den Mekong führt, wurde 1994 erbaut: Mittaphab, die «Freundschaftsbrücke». Seit den neunziger Jahren können auch die Laoten das Thai-Fernsehen mit seinen Spielshows und Seifenopern im Luxus-Milieu empfangen. Die Öffnung nach Westen hatte Folgen. Aus dem verschlafenen Vientiane wurde zwar keine Metropole, doch die ersten Verkehrsstaus sind schon an der Tagesordnung. Bald sollen Touristen auf dem Mekong Wasserski fahren können …

Mit jedem Kilometer asphaltierter Straße steigen Lebensstandard und Lebenserwartung der Laoten, jedenfalls in der Mekong-Ebene und den vier großen Städten am Fluß: Luang Prabang,

Fortsetzung Seite 32

Laos und Kambodscha in historischen Bildern

1

2

3

4

5

6

7

8

1 Beackerung der Reisfelder in Laos (Fotografie vor 1945).
2 Vorbereitungen für das Festessen der Priester in Phnom Penh, Kambodscha (Fotografie vor 1936).
3 Bei einer Zeremonie trinken Bewohner eines Bergdorfes in Nordlaos mit Bambus-Trinkhalmen Reissschnaps aus Tongefäßen (Fotografie um 1900).
4 Der Markt von Vientiane, Laos (Fotografie um 1930). – 5 Laotinnen (Fotografie von 1889).
6 Marktszene am Großen See (Sammlung Unold, Fotografie um 1900). – 7 Am Mekong (Sammlung Unold, Fotografie um 1900).
8 Elefantenprozession (Fotografie von 1928).

In den Parkanlagen von Wat Phnom.

PO LO

Der Mekong bestimmt die Landschaft – auch auf den Bildern der Malerin in Phnom Penh (rechts). Der Ausflug zum Wat Phnom wird fürs Familienalbum festgehalten (unten). – Rush Hour in Phnom Penh: Es gehört viel Geschick dazu, die Familie samt Großeinkauf heil durch den dichten Straßenverkehr zu bringen (großes Bild). – Chinesisches Neujahrsfest (rechte Seite unten).

Vientiane, Savannakhet und Pakse. Doch nach wie vor zählt Laos zu den ärmsten Ländern der Welt. Auch die eine oder andere Kuriosität fällt der Modernisierung zum Opfer, zum Beispiel der tägliche Weckruf der Partei. Lauscht man heute in Vientiane um sechs Uhr auf der Uferstraße in den Morgen, so wartet man vergeblich auf die metallisch scheppernden Lautsprecherklänge, mit denen die Partei im Wechsel mit laotisch-klimpernder Musik den Bürgern ihre Mitteilungen machte. Sie wurden wie in Vietnam Ende der neunziger Jahre abgeschafft. Auch die knallbunt bemalten, mit Sitzbänken ausgestatteten Laster werden zunehmend durch bequeme Reisebusse ersetzt. Und viele ethnische Minderheiten legen ihre schön gewebten Trachten ab, um stolz modische Baseballkappen, Büstenhalter und Jeansjacken vorzuführen.

Rund sechzig verschiedene Stämme und Minderheiten siedeln in Laos; die Hmong, Akha, Yao, Khamu und Thai Lü sind die bekanntesten. Ihre Pfahlhäuser ducken sich im Windschatten an die karstigen Hänge. Die Angehörigen der Bergvölker sind beim Marktbesuch meist an ihrer traditionellen Kleidung zu erkennen, die Akha-Frauen zum Beispiel an den Glöckchen und Silbermünzen in ihrem schweren Kopfschmuck, die Frauen der Yao und Alu an ihren Turbanen. Rund dreißig Jahre nach der Revolution leben viele Bergstämme jedoch im Tiefland, von der Regierung umgesiedelt, zum Beispiel entlang der Landstraße von Vientiane nach Luang Prabang. In dieser einsamen Gegend fielen vor wenigen Jahren bei Überfällen immer wieder tödliche Schüsse, und die Fahrt war nur tagsüber mit bewaffneten Soldaten auf dem Bus-

dach oder im Konvoi möglich. Banditen, so sagte die Regierung, andere vermuteten Hmong-Rebellen.

Heute wirken manche Hmong-Siedlungen nahe Luang Prabang fast wie Modelldörfer, in denen regelmäßig Reisegruppen haltmachen und die Reiseleiter Kip-Scheine an die chronisch hustenden Kinder verteilen. Spätestens im Tiefland weichen die alten Sitten und das früher charakteristische Erscheinungsbild unaufhaltsam einem modernen Lebensstil nach westlichem Vorbild: Chemisch hergestellte Farbe verdrängt das traditionelle Indigo-Blau, Tupperware und Blechnäpfe haben die Flechtkörbe und Bambusbecher abgelöst. Bleibt zu wünschen, daß die Jüngeren ihren eigenen Weg finden, irgendwo zwischen dem kräftezehrenden Bauerndasein und ihrer Vermarktung als Folklorestatisten,

Die Menschen am Tonle Sap sind gut auf die alljährliche Überschwemmung vorbereitet: Die Häuser stehen auf Pfählen. Boote sind hier die einzigen Fortbewegungsmittel (oben).

zwischen Opium- und Konsumrausch. Zwar sind heute Mohnanbau und Opiumhandel streng verboten, aber selbst der einstige Ministerpräsident Prinz Souvanna Phouma soll ab und zu ein Pfeifchen genossen haben – «bo pen njang» (das macht nichts) würden wohl die meisten Laoten noch immer dazu sagen.

Kambodscha – das Reich der lebenden Apsaras

«Wo die Zuckerpalmen wachsen, da ist Kambodscha»: So beschreiben die Khmer seit Urzeiten ihr Land. Die markanten Kronen der «thnot» (Zuckerpalme) und die Reisfelder bedecken das Land bis zum Horizont. Das ist bis heute Kambodscha – dem neu-

Seit 1979 hat die Zahl der Geburten in Kambodscha stark zugenommen. 50 Prozent der Bevölkerung ist unter 15 Jahre alt. Die Lebenserwartung ist allerdings nicht besonders hoch, sie liegt im Durchschnitt bei 51,6 Jahren (links, unten und linke Seite unten).

erdings glitzernden Antlitz von Phnom Penh wie zum Trotz. Die kambodschanische Hauptstadt hat die Bettlerlumpen abgestreift. Heute ist kaum vorstellbar, wie es hier in der Zeit vor dem Boom mit Karaokebars, Massagesalons und Diskotheken aussah. Die Roten Khmer hatten Phnom Penh zwischen 1975 und 1979 zu einer düster-leblosen, zwangsevakuierten Geisterstadt gemacht, die Vietnamesen danach für die nächsten zehn Jahre zu ihrer Kommandozentrale in einem belagerten Vasallenstaat und die UN-Soldaten Anfang der neunziger Jahre zu einem Rummelplatz, wo es Dollarscheine zu regnen schien. Es herrschten Anarchie und Chaos, Korruption und Kidnapping. Nicht einmal Touristen und hier lebende Ausländer blieben verschont; einige ihrer Geiseln, darunter ein Deutscher, brachten die Roten Khmer kurzerhand um, bis sich König Sihanouk 1994 sogar gezwungen sah, die Touristen vor Reisen in sein Land zu warnen.

Phnom Penh hatte sieben Asphaltstraßen, die großen Boulevards, deren ständig neue Namen die politische Richtung der jeweils Regierenden widerspiegelten – mal benannt nach Lenin und Karl Marx, mal nach König Sihanouk und Charles de Gaulle. Als die rund 22 000 Blauhelme Ende 1993 nach den ersten demokratischen Wahlen abgezogen waren, lautete die Losung «nationale Versöhnung». Inzwischen sind die meisten Roten Khmer zwar nicht entwaffnet, aber amnestiert. Der Massenmörder und «Bruder Nr. 1», Pol Pot, starb 1998 in seinem Dschungelversteck. Das internationale Tribunal gegen die restlichen Verantwortlichen ist umstritten: Die Gegner argumentieren, daß die 1979 vertriebe-

In der Nähe von Kompong Cham liegen die Hügel Phnom Srei und Phnom Proh, «Berg der Frauen» und «Berg der Männer». Auf Phnom Proh stehen zwei Pagoden, eine ist von Mönchen bewohnt (großes Bild). – Die farbenfrohe Darstellung der Geschichte Buddhas findet sich in fast allen Tempeln (hier Wat Neak in Phnom Penh; oben)

nen Roten Khmer nach dem Einmarsch der kommunistischen Vietnamesen sogar in der UN-Vollversammlung vom Westen als rechtmäßige Regierung Kambodschas anerkannt wurden. Außerdem wären heute hochrangige Militärs und Regierungsmitglieder von einem solchen Prozeß betroffen, was einen neuen Bürgerkrieg auslösen könnte. Da blickt Kambodschas Führungselite lieber nach vorn, vergebend und vergessend und hofft auf eine weitere Zunahme der Touristenzahlen – von 1999 bis 2000 hat sich die Zahl schon um 100 000 auf über 350 000 erhöht. Vorbei sind die Zeiten, als in den wenigen bewohnbaren Hotels Schilder an den Zimmertüren hingen mit Vorschriften wie: «Waffen und Explosionsstoffe sind nicht gestattet.» Dieses Verbot war durchaus angebracht: Noch vor wenigen Jahren verwandelte sich die Stadt nach Sonnenuntergang in eine kafkaeske Szenerie aus flackerndem Kerzenlicht und Feuerstellen in und vor den Wohnbaracken. Die Geräuschkulisse aus brummenden Hotel-Generatoren unterbrachen nicht selten Schüsse. Und noch immer müssen Regierungsbeamte zugeben, daß hierzulande zwei Gesetze vorherrschen: das Gesetz des Geldes und das der Pistole.

Nach mehr als zwanzig Jahren Blutvergießen und Terror glitzert Phnom Penh heute wie ein Weihnachtsbaum. Lichterketten hängen wie blinkendes Lametta an den Hotels und Bars, der Nationalbank, den Tempeln und Palmen auf der Uferpromenade. Es gibt wieder Strom, Licht und Neonreklame, sogar Bushaltestellen, Ampeln und funktionierende Kartentelefone. Die Bewohner können endlich auch am Abend wieder ihre Wohnungen und

die Hängematten auf den Balkons verlassen, um zu flanieren. Auf den Straßen wälzt sich eine endlose Armada aus Mofas ohne Ziel: Die Khmer lieben das «dalin», das abendliche Sehen und Gesehenwerden. Die wie in Zeitlupe vor sich hin quietschenden «cyclos» behaupten sich tapfer im anschwellenden Verkehrsstrom; inzwischen gleichen sie Veteranen aus einer anderen Epoche. Nach einer Ehrenrunde um das Unabhängigkeitsdenkmal kehren die Hauptstädter in die zahlreichen Lokale mit Khmer-Küche ein. Die kambodschanischen Namen der Restaurants sind die reinsten Zungenbrecher, sie drücken die Sehnsüchte aller Khmer aus: Freiheit, Gleichheit, Gesundheit.

Kaum hat der Besucher die Hauptstadt verlassen, beginnt eine Zeitreise durch das ursprüngliche Kambodscha. Sie führt auf holprigen Pisten oder nicht weniger holprigen Flügen in abgelegene, von der Welt vergessene Provinzen, wo lange nur die Malaria und die Roten Khmer herrschten. Eine dieser Provinzen ist Rattanakiri mit seinen Bergvölkern, den Khmer Loeu, eine andere das fast menschenleere Mondulkiri, eine dritte die Edelstein-Hochburg Pailin, die einst die Zentrale der Roten Khmer war. Auf den ersten Blick sieht der Reisende überall idyllisches Landleben: Frauen und Männer beim Reisdreschen auf goldgelben Feldern, um den Kopf das «krama», ein kariertes Tuch, zum Turban geschlungen, die Zähne und Lippen blutrot vom Saft der Betelnuß. Die meisten Kambodschaner sind Bauern, die von der Hand in den Mund leben. Sie führen ein extrem karges Dasein

In Phnom Penh finden sich Buddha-Figuren in allen erdenklichen Formen und Größen (oben).

Ein Lächeln, das die Welt bezaubert

Das Volk der Khmer

1

2

Etwa 90 Prozent der Einwohner Kambodschas sind Khmer. Sie bewohnen das Land seit dem 2. Jahrhundert vor Christus. Die Tempel von Angkor (1, 3 und 4) sind Zeugnis dieses einst mächtigen Volkes. – Obwohl sie sich im Lauf der Jahrhunderte mit Vietnamesen, Thai und Chinesen mischten, bestehen äußerlich und charakterlich große Unterschiede zu diesen Völkern. Auffällig ist das freundliche und offene Wesen der Khmer (2 und 6). – 5 Die Spuren des Vietnamkrieg sind noch lange nicht beseitigt.

Der Einsiedler und Asket Kambu lebte in den Urwäldern am großen Fluß. Eines Tages gab ihm Gott Shiva eine «Apsara», eine himmlische Nymphe, namens Mera zur Frau. Aus dieser Verbindung, so sagt die Legende auf einer Angkor-Stele aus dem 10. Jahrhundert, ging das göttliche Geschlecht der Könige «Kambujas» hervor. Unter den Ur-Ahnen befinden sich auch die Erdgöttin Soma und der Sonnengott Surya. Ihre Nachfolger schufen im 6. Jahrhundert den Staat Chenla und ab 802 unter Jayavarman II. das vereinigte Großreich der Khmer: Angkor. Der Kult der «devarajas», der Gottkönige, war geboren und lebt bis heute weiter. König Siha-

3

4

nouk soll bei der Landbevölkerung noch als gottähnlicher Beschützer verehrt werden.

Die Legende und Angkor stehen in krassem Widerspruch zu den Bildern, die Kolonialisten, europäische Besucher und die Nachbarländer über die Khmer verbreitet haben. Sie beschreiben sie als ein lethargisches Bauernvolk, das nicht zu disziplinierter Arbeit fähig, fatalistisch und unterwürfig sei. Dunkelhäutige Wilde, die mit den Händen essen, schimpften die Vietnamesen. Der oft als «Entdecker Angkors» bezeichnete Naturkundler Henri Mouhot fragte 1860 bewundernd nach den Erbauern des Tempel-Imperiums. Die Anwohner antworteten, es seien Engel gewesen oder Riesen, vielleicht habe auch Hindu-Gott Indra seine Hand im Spiel gehabt, oder es habe sich von selbst geschaffen. Angesichts der gigantischen, majestätischen Prachtbauten hatte Mouhot schließlich erstaunt festgestellt: «Welch ein trauriger Kontrast zu dem Barbarentum, in das die Nation heute abgestürzt ist.»

5

Und sie sollte noch tiefer stürzen. Jeder Kambodschaner, auch der König, verlor Familienangehörige unter der grausamen Schreckensherrschaft Pol Pots, der sich an der Glorie und Macht von Angkor orientiert hatte. Das Bewußtsein der fast zwölf Millionen Khmer, eines der ältesten Völker Südostasiens, schwankt zwischen Hochkultur und fünfhundert Jahren Niederlage, zwischen dem Größenwahn eines Pol Pot und dem Trauma eines leidgeprüften Volkes.

Tanzende, graziöse Apsaras mit aufrechten Brüsten und diesem unergründlichen Lächeln der Khmer, dem «sourire khmer», manche noch mit Einschußlöchern aus dem Bürgerkrieg, daneben Bombardierung und Folterszenen – Lebenslust und Leid kennzeichnen die Geschichte der Khmer schon in den Reliefs von Angkor. Die anmutige Schönheit der Frauen und Männer findet sich auch in den Reliefs der Tempelnischen. Das dichte, gelockte Haar, die geschwungenen Lippen, die hohen, wie modelliert wirkenden Wangenknochen und die dunklen Mandelaugen zeugen von austroasiatischer Abstammung.

Aufmerksame Besucher entdecken diese Gesichter im Alltag wieder: in einem armseligen Fischerdorf am Mekong, bei den Spielern des Gamelan-Orchesters oder bei der Geisterbeschwörung eines Schamanen. Und wenn die Kambodschaner ihre Feste feiern, wird das Khmer-Lächeln zum Strahlen, breit wie der Mekong, und die Goldzähne blitzen.

6

zwischen Ochsenkarren und palmstrohgedeckten Pfahlhütten, Schuldenlast und Reisfeldern, in denen auch Jahrzehnte nach Kriegsende noch unzählige Minen lauern. Nahe den Dörfern spiegeln sich Pagoden in Lotosteichen. Die buddhistischen Tempel und Klöster werden wieder zu sozialen und kulturellen Zentren der Dorfgemeinschaft, wie vor der Pol-Pot-Ära, in der die Jünger Buddhas ihre Gewänder ausziehen und sich in die Arbeitskolonnen einreihen mußten, falls sie nicht schon in den Tempeln sofort von den Roten Khmer erschlagen worden waren. Nach dem Abzug der UN-Soldaten soll das Land mit Hilfe der Religion in Eigenregie wiederaufgebaut werden.
Rund 40 000 Mönche versuchen in kleinen Schritten, die Armut zu bekämpfen, zum Beispiel mit Krediten in Pfennigbeträgen. Außerdem vermitteln sie ihren Landsleuten Grundkenntnisse in Gesundheitsvorsorge und im Umweltschutz, aber auch in den traditionellen Künsten.
Der Legende nach ist Kambodscha ein Land aus Wasser. Und tatsächlich: Der Mekong verwandelt sich im Osten in ein Labyrinth aus Flußarmen, Inseln und Flutwäldern, über das jeden Abend die Sonne ihren rotgoldenen Schleier wirft. Die Marktstädtchen entlang des Mekong bezaubern durch ihren provinziellen Charme und, nördlich der Stadt Kratie, durch die seltenen Irrawaddy-Süßwasserdelphine: Stromaufwärts bis nach Südlaos tummeln sich die letzten stupsnasigen Delphine, deren Zahl auf dreißig bis hundert geschätzt wird. Der Mekong gilt als einer der saubersten Flüsse der Welt, eine nennenswerte Industrie haben bis jetzt nur China und Thailand. Haie, Rochen und bis zu 300 Kilogramm schwere Welse leben in diesem Wasserparadies. Doch das Ökosystem und damit die Lebensgrundlage vieler zumeist armer Anwohner und Fischer ist bedroht: Bei Kratie wollen kambodschanische Dammbau-Enthusiasten die Stromschnellen in die Luft jagen und einen von 16 Staudämmen bauen.

Das Wasserreich überrascht mit vielen Naturwundern: Der Mekong-Zufluß Tonle Sap ist der einzige Fluß weltweit, der auch rückwärts fließt und so den Tonle-Sap-See zum fischreichsten Binnensee der Welt macht. Wegen dieses Phänomens wimmeln Fischschwärme um Baumwipfel, gleiten Boote über Reisfelder, treiben Tankstellen und Rinderställe und wandern ganze Häuser: eine verkehrte Welt zwischen Himmel und Wasser. In schwimmenden Dörfern folgen die Khmer mit ihren Hausbooten dem Wasser – «Mian toek mian trey» (Wo das Wasser ist, ist der Fisch). Andere wohnen in Stelzenhäusern, die sich nach uralter Methode dem Wasserstand anpassen: Je nach dessen Niveau wird der Bambus-Fußboden mit Seilen einfach höher oder tiefer verankert.

Auf dem Areal der Silberpagode in Phnom Penh wurde der Stupa Phnom Mondap errichtet (linke Seite). – Wer ist die schönste? Im Rahmen des Pimai-Festivals am Wat Xieng Thong wird die Wahl der «Miss Luang Prabang» mit einer prachtvollen Zeremonie gefeiert (oben).

Der Nam Se fließt am Rand des Bolaven-Plateaus durch waldreiches Gebiet und vorbei an kleinen Dörfern. Über einen Holzsteg gelangt man zu dem versteckt liegenden Wasserfall Tat Lo (oben). Ein erfrischendes Bad in idyllischer Umgebung: An einigen Stellen des breiten Khong-Phapheng-Wasserfalls nahe der Grenze zu Kambodscha kann man natürliche Pools finden, die ideal zum Schwimmen sind (rechts).

Der Himmel auf Erden ist schließlich in Angkor erreicht. Morgengrauen. Wie Scherenschnitte erscheinen die Türme von Angkor Wat vor dem verblassenden Nachthimmel. Das Hauptkloster mit seinen fünf den Wald überragenden Spitzen symbolisiert den Berg Meru, den Sitz der Götter und Mittelpunkt des hinduistischen Universums. Es ist der Höhepunkt jeder Reise durch Kambodscha und der größte Sakralbau auf Erden. Überwältigt wie einst Henri Mouhot, einer der Wiederentdecker dieser Stätte, steht der Besucher voller Ehrfurcht vor den Türmen, Toren und Pavillons, vor den Löwen und Schlangen, den tanzenden Apsaras und Lanzen schwingenden Kriegern in den Galeriegängen. «Es ist großartiger als alles, was uns die Griechen oder Römer hinterlassen haben», schrieb Mouhot kurz vor seinem Tod 1861. Die rund tausend Jahre alte Tempelstadt ist ein architektonisches Meister-

Die leuchtenden Blüten der Seerose werden gern für Schmuck bei Festen und für Opfergaben verwendet (unten).

werk, monumentale Pracht zu Ehren der Götter. Angkor Wat zeugt von der Hochkultur der vergöttlichten Khmer-Könige, der «devarajas»; es ist das steinerne Herz eines versunkenen Imperiums, das über große Teile Südostasiens herrschte. Archäologen befreien die Ruinen seit hundert Jahren in mühsamer Puzzlearbeit von Steinen und von den Moosen und Schlingpflanzen des Dschungels. 1975 fielen die Tempel wieder in den Dornröschenschlaf. Nach dem Wüten der Roten Khmer konnten die Märchenruinen lange Zeit entweder gar nicht oder nur im UN- oder Polizei-Konvoi besichtigt werden. Heute fährt man im Reisebus-Konvoi.

Das einst geschundene Kambodscha läßt viele Besucher schon nach der ersten Begegnung nicht mehr los. Es ist ein Land mit vielen Gesichtern – zwischen grausamer Fratze, dem Lächeln der Apsaras und Buddhas weisem Antlitz der Hoffnung.

Göttliche Schlangen

Wehe dem, der in Asien nicht an die Nagas glaubt! Nagas sind uralte Gottheiten in Gestalt von Wasserschlangen und chinesischen Drachen. Ihnen verdanken die Opferbringenden Macht, Gesundheit und Glück; in seltenen Fällen sollen sie allerdings auch grausam töten können. Die Nagas tauchen in vielen Legenden auf, etwa in der vom «Kirnen des Milchmeeres» in Angkor (siehe Seite 129) und von Bulichan, dem laotischen Farmer, der mit Hilfe der Schlange Phayanak zum Herrscher von Vientiane wurde. Die siebenköpfige Kobra Mucilinda, ein Schlangenkönig, beschützte den erleuchteten Buddha vor einem Unwetter, indem sie sich über ihm aufrichtete. Die Nagas sind die Schöpfer des Mekong und vieler asiatischer Königreiche. Auch die Laoten halten sich für Nachkommen eines Schlangenkönigs und ehren ihren Ahnherrn beim Neujahrsfest in Luang Prabang mit einer Lichterprozession.

Sisophon, 48 Kilometer von der thailändischen Grenze entfernt, ist ein wichtiger Verkehrsknotenpunkt (oben). – Ein tropisches Paradies: Vang Vieng in Nordlaos (großes Bild). – An den Ufern des Mekong gibt es immer noch Gold. Es dauert allerdings Tage, bis man eine kleine Menge aus dem Uferschlamm gewaschen hat (unten).

Der Nam Song bei Vang Vieng.

Die Hauptstadt der Langsamkeit

Vientiane und Umgebung

Morgens am Mekong, *Vientiane* erwacht. Punkt fünf Uhr beginnen die Hähne mit ihren schier endlosen Weckrufen. Noch vor Sonnenaufgang setzen sich am Kloster Phiawat orange- und gelbgewandete, barfüßige Gestalten im Gänsemarsch in Bewegung. Ihre morgendliche Almosenrunde führt die Mönche und Novizen durch die Straßen. Sie werden von den Gläubigen bereits erwartet. Meist sind es Frauen, die ehrfürchtig auf Bastmatten im Straßenstaub knien. Jede gibt einen Schlag Klebreis und Gemüse in die Bettelschale, dazu scharfe Soße in Portionstüten. Bedanken müssen sich die Gläubigen, nicht die Mönche. Sie tun dies mit dem «nop»-Gruß: Beide Handflächen vor dem Gesicht gefaltet, verbeugen sie sich vor den Jüngern Buddhas – je höher die Hände gehalten werden, desto größer ist der Respekt. Die guten Taten, die für die buddhistische Lebensbilanz eines jeden Laoten so wichtig sind, konnte selbst das kurzzeitige Verbot des Bettelganges 1975 nicht unterbinden.

Vientiane, die Stadt der Tempel: Wat In Peng wurde 1940 rekonstruiert (oben). – Kostbare Schnitzereien birgt Wat Ong Tu (unten). Das goldene That Luang gehört zu den schönsten Bauwerken von Laos (rechte Seite).

Erst jetzt kann das Tagewerk der Hauptstädter beginnen. Am Flußufer trägt eine Laotin mit Kegelstrohhut ihr Fischergestell ans Wasser. Ein Mann nähert sich in seinem Langboot, einem Motorboot, in dem die Insassen nur hintereinander Platz finden. Er versenkt eine Bambusreuse im Schilf. Zwei Kanufahrer paddeln heran, um sich «sabai dii» (guten Tag) zu wünschen und ein Schwätzchen zu halten. Oben auf der Uferstraße, dem Fa Ngoum Quay, sind die Marktfrauen mit Vorbereitungen beschäftigt. Mutter und Tochter schälen Maiskolben und legen sie auf eine ruß-

schwarze Tonne zum Rösten. Allmählich füllen sich die Marktstände mit appetitlichem Allerlei: Melonen, Tomaten, riesige Gurken, winzige, kugelrunde Auberginen, Ingwerwurzeln, Bündel aus Zitronengras und Lauchzwiebeln, Berge von Chili in Feuerrot und Grün, ofenfrische Baguettes und Blütenketten für den Tempelbesuch. Die Männer putzen ihre Mofas mit Flußwasser. Gesprächsthema an diesem Morgen ist der Wasserstand des Mekong. Im Norden hat es heftig und lange geregnet, man befürchtet eine Flut zum Ende der Regenperiode. In der heißen Jahreszeit ist der Mekong oft so niedrig, daß die Boote auf dem Trocknen liegen.

City mit ländlichem Charme und Treffpunkt der Nationen

In Laos' Hauptstadt herrscht keine Eile. Noch fließt der Verkehr aus Mofas und Fahrrädern, «samlor»-Rikschas auf drei Rädern und rollenden Imbißständen, «Jumbo»-Sammeltaxis und einigen Autos auf der Thanon Setthathirath träge wie der Mekong keine 200 Meter daneben. Zwischen Straße und Fluß prangt der prächtige, mit Säulen und Arkaden versehene Präsidentenpalast. Mönche, Schulkinder, Touristen und Marktfrauen mit Lastenkarren oder mit geschulterten Suppenküchen bevölkern die Straßen, von denen viele erst seit kurzem wieder Namen tragen. Bürgersteige gibt es nur in der Innenstadt. Vientiane nimmt zweifellos Abschied vom Stillstand und tritt Schritt für Schritt aus seiner verträumten Weltfremdheit, um es seinen lebhaften asiatischen Schwestern Phnom Penh und Saigon gleichzutun. Doch jenseits der drei Hauptstraßen, Lane Xang, Samsenthai und Setthathirath, findet der Spaziergänger ländliche Atmosphäre und Idylle: Hühner, Ziegen und Schweine prägen das Bild, Wasserbüffel faulenzen bei einem Erfrischungsbad im schlammigen Tümpel, und die laotischen Würstchen hängen wie Girlanden an Holzstangen im Garten.

Im zentralen Stupa des Wat That Luang wird die Asche des Königs Sisavang Vong aufbewahrt (oben). Badevergnügen an einer Quelle bei Vang Vieng (unten).

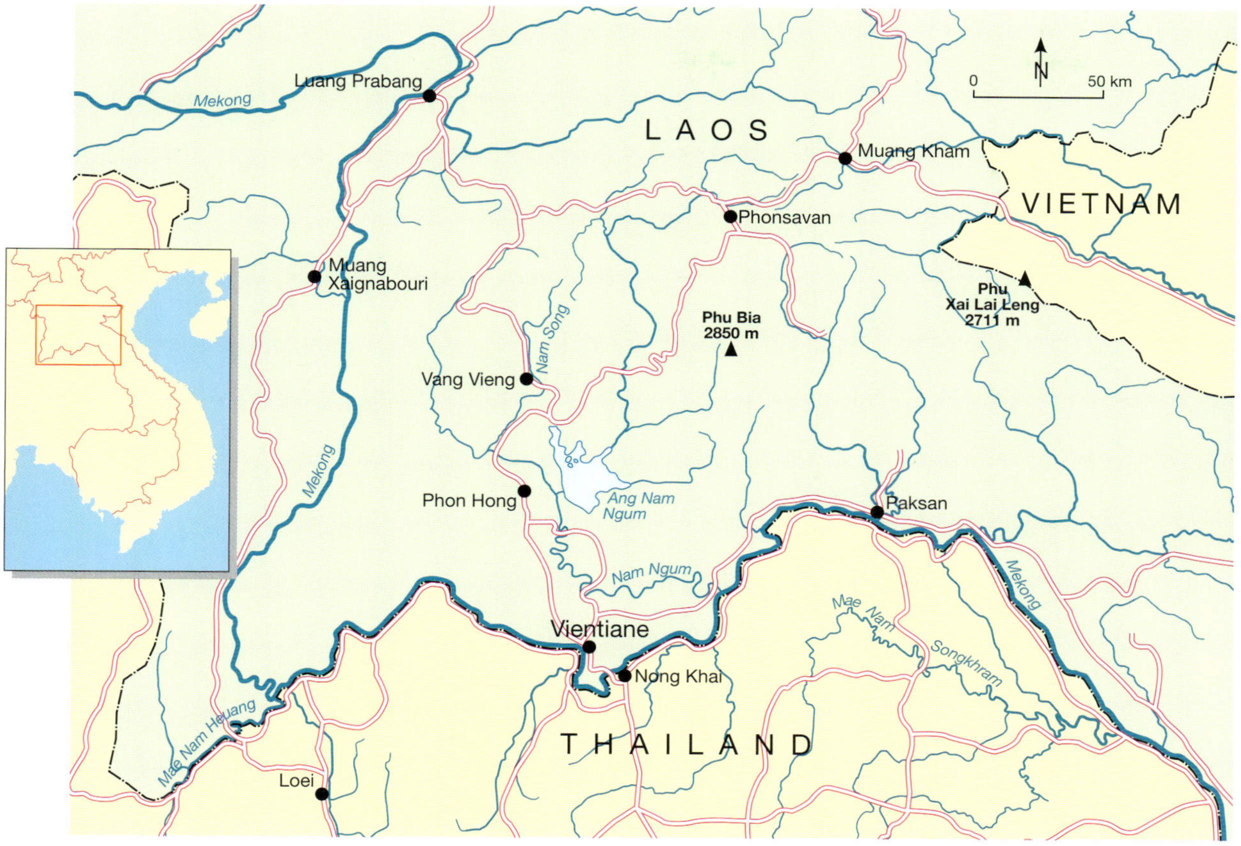

Figuren aus der buddhistischen und hinduistischen Mythologie bevölkern den Buddha-Park Xieng Khuan bei Vientiane. Besonders Kinder lieben die skurrilen, zum Teil riesigen Skulpturen (oben).

Gelegentlich veranstalten die Männer hier Hahnenkämpfe und verwetten dabei das Haushaltsgeld. Das ist zwar offiziell nicht erlaubt, wird aber geduldet.

Obwohl im Zentrum mehr und mehr Hotels, teure internationale Restaurants, Diskotheken und Einkaufszentren eröffnen, strahlt die Hauptstadt der Demokratischen Volksrepublik Laos noch immer einen verschlafenen Charme aus: ein Dorf mit vielen Botschaften. Selbst die US-Botschaft hat es nach der Revolution 1975 hier ausgehalten, gleich einem westlichen Bollwerk inmitten der drei fallenden «Dominosteine» Indochinas. Die polyglotte Vielfalt der Hauptstadt zieht den Besucher bis heute in ihren Bann, zum Beispiel am allseits beliebten Nam Phou Square rund um den Springbrunnen: Hier trifft man bei «Beer lao» (laotischem Bier), Pommes Frites und Cappuccino auf japanische, chinesische und russische Geschäftsleute, auf die Ärztin aus Santiago de Cuba und die Rucksack-Weltreisende aus den USA, auf den greisen, französisch parlierenden Plantagenbesitzer aus Kolonial-Vietnam und den Minenräumer aus Deutschland. Außerdem auf die aus aller Welt heimgekehrten Laoten, manche von ihnen mit Schlips und Mobiltelefon, die in den Jahren nach 1975 gezwungen waren, im Strom der 360 000 Flüchtlinge ihr Heil in der Ferne zu suchen. Ein Kaleidoskop der Weltnationen in einem Provinznest am Mekong.

Das ehemalige Kloster Wat Phra Keo in Vientiane ist heute ein Museum. Zahlreiche Buddha-Statuen säumen die umlaufende Galerie des Gebäudes (oben).

Auf dem Platz vor dem Wat Si Muang finden sich Ruinen eines Khmer- Tempels. Hier werden Buddha und die Naturgeister verehrt (großes Bild und unten).

Die Mönche mit Lebensmitteln zu versorgen, ist für die Gläubigen eine ehrenvolle Pflicht. Jeden Morgen ziehen die orangegewandeten Männer in die Stadt, um ihre Schalen füllen zu lassen (rechte Seite unten).

Reste der Revolution

Vientiane ist ein zusammenwachsenes Gebilde aus vielen Dorfgemeinschaften rund um den jeweiligen Tempel mit rund 300 000 Einwohnern. Noch müssen die etwa hundert buddhistischen Tempel, viele entlang der Setthathirath Road, nicht «Oasen» genannt werden wie in der Moloch-Metropole Bangkok. Noch ist Vientiane die einzige südostasiatische Hauptstadt mit mehr Palmen und Teakbäumen als Hochhäusern und Neonreklamen. Auch wenn die Propagandatafeln verblassen und Hammer und Sichel schon lange aus dem Stadtbild verschwunden sind, läßt sich

noch das eine oder andere revolutionäre Erinnerungsstück im Revolutionsmuseum oder als Souvenir auf dem überdachten Morgenmarkt Talat Sao entdecken. Oder man kauft dort im ersten Stock einen «sin», den Wickelrock, der die Beine der Laotinnen züchtig verdeckt und den einst die Kommunisten gegen Jeans und Minirock als einigende Landestracht verordneten. Gegenüber dem Armeemuseum in der Thanon Phon Ken wurde 1985 zum zehnten Jahrestag der Volksrepublik ein Denkmal in Form eines Stupas für die gefallenen Revolutionäre errichtet. An revolutionären Feiertagen brennt hier eine Flamme, und eine Ehrenwache wird aufgestellt.

Fortsetzung Seite 57

1

Beschwörung der Geister

Die Basi-Zeremonie

1 Kunstvoll gestaltet: die Einladung zur Hochzeit. – 4 Glück und Segen symbolisieren die Baumwollfäden, die den Frischvermählten um die Handgelenke gebunden werden – an manchen Fäden werden auch Geldscheine befestigt.

Hochzeitsfeier auf laotisch: Khemphet und Vannasit, frisch getraut, sind Mittelpunkt einer «basi»-Zeremonie. Bei diesem festlichen Akt werden die Seelengeister herbeigerufen und beschworen: Sie sollen Heil und Segen spenden. Basi hat eine lange Tradition und wird heute auf verschiedene Arten praktiziert, vom aufwendigen Zeremoniell bis zum einminütigen Segensritual, das Mönche routiniert für Touristen vollziehen: zum Schutz vor Krankheit oder auf Reisen, zur Besänftigung der Hausgeister beim Einzug in ein neues Haus, als Dank nach bestandenen Prüfungen oder einer Genesung. Besonders wichtig ist eine Basi-Zeremonie kurz nach der Geburt eines Kindes zur Erweckung aller Lebensgeister. Sogar Boote werden beim jährlichen Ruderfest «Bun Suang Hüa» in Vientiane basi-gesegnet.

2

3

4

5

2 und 3 Die Braut ist geschminkt und festlich gekleidet, der Bräutigam trägt eine breite Schärpe über der Brust. – 5 Am Morgen der Hochzeit zieht der Bräutigam mit seiner Familie und seinen Freunden zum Haus der Braut. – 6 Nach der Zeremonie wird gegessen, getrunken und getanzt. Moderne westliche Tänze sind dabei genauso beliebt wie traditionelle Rundtänze.

Das Paar aus Vientiane sitzt umringt von den Gästen vor dem «phakwan», dem Tablett mit Opfergaben wie Klebreis und Kuchen. In der Mitte des Tabletts steht der Basi-Baum, ein kunstvolles Gesteck aus Bananenblättern, geschmückt mit Geldscheinen, weißen Fäden, Kerzen und Blumen. Alle knien auf nach hinten verschränkten Beinen, die Hände vor der Brust gefaltet. Nach

6

den Pali-Gebeten und dem Segen der eingeladenen Jünger Buddhas zündet der «mor phorn», ein älterer Mann, der sich in der Lehre Buddhas und in der Geisterwelt auskennt, die Kerzen an. Unter einer gemurmelten Litanei von Glückwünschen bindet er die 32 herbeigerufenen Seelenwächter, die «kwan», mit weißen Baumwollfäden symbolisch an die Handgelenke der Jungvermählten. Alle Anwesenden berühren dabei das Tablett, wer hinten sitzt, darf den Ellbogen seines Vordermanns anfassen. Die Beschwörung und die Anwesenheit der guten Seelen behalten ihre Wirksamkeit mindestens, solange der Faden getragen wird, in der Regel ein paar Tage. Später wird das Festmahl serviert und zum traditionellen Reigentanz «lamvong» aufgespielt.

Das Panorama vom Patousay

Die Fassade vom Wat In Peng ist mit prachtvollen Mosaiken und Holzreliefs verziert (linke Seite und ganz unten).

Wer von der Aussichtsplattform auf dem Denkmal Patousay, dem etwas klobig geratenen laotischen Triumphbogen in der Stadtmitte, herabblickt, den überrascht ein Meer aus Grün. Die tropische Vegetation verdeckt eine kunterbunte Architektur-Mischung, die von der Geschichte der Stadt erzählt: Die traditionellen Holzhäuser auf Stelzen stehen neben geduckten chinesischen «Shophouses» mit zugehöriger Ladenwohnung, elegante Kolonialvillen aus der Ära der Franzosen prunken neben realsozialistischen Plattenbauten aus der Zeit der Bruderhilfe und einigen nicht minder häßlichen Betonklötzen aus der amerikanischen Phase in den sechziger Jahren. Neuerdings fallen auch die protzigen Wohnpaläste internationaler Hotelketten auf und der eine oder andere spiegelverglaste Würfel – deplaziert wie ein Raumschiff mitten im Reisfeld. Doch das Panorama, das sich vom Patousay aus bietet, wird glücklicherweise noch fast ausschließlich von den eleganten, dreifach gesattelten Tempeldächern mit ihren gen Himmel geschwungenen Giebeln beherrscht.

Wahrzeichen und Nationalheiligtum

Ein üppig blühender Park umgibt den Tempel – ein idealer Platz für die Novizen, um sich in der Mittagspause vom Unterricht auszuruhen (oben).

Der Blick nach Osten verweilt fasziniert beim Wahrzeichen That Luang: Der 45 Meter hohe Stupa leuchtet wie frisch in flüssiges Gold getaucht, dabei ist er fast 450 Jahre alt. Angeblich steht an dieser Stelle sogar seit mehr als 2200 Jahren ein buddhistischer Schrein über einer Reliquie, dem Brustbein Buddhas. Im 13. Jahrhundert lag hier das laotische Fürstentum Vieng Chan, später war dies der Kern des Königreichs Lane Xang. König Setthathirath, verewigt in sitzender Pose vor dem Stupa, ließ 1566 den That Luang über einem älteren Stupa erbauen. Seitdem mußte das Heiligtum mehrfach neu errichtet werden. Als der erste westliche Besucher von Laos, Gerrit van Wuysthoff, 1641 den Mekong bereiste,

Am Nam Song bei Vang Vieng. Das Fischefangen ist Teamarbeit: Einige Männer schlagen mit Stöcken auf das Wasser, um Wellenbewegungen zu schaffen und so die Fische in die Netze zu treiben (oben). – Voller Freude über die reiche Beute tragen die Mädchen den kostbaren Fang nach Hause (rechte Seite oben).

schilderte er beeindruckt seinen Empfang durch König Souligna Vongsa an dem Stupa. Rund zweihundert Jahre später waren das Heiligtum und Vientiane so zerstört von den kriegerischen Nachbarn, vor allem 1828 von den Thais, daß der französische Offizier Louis Delaporte 1866 nur noch Zeichnungen des vom Dschungel überwucherten That Luang anfertigen konnte. Seit Jahrtausenden strömen Pilger hierher, vor allem zum dreitägigen Volksfest im November. In den Galeriegängen, die auf drei Ebenen um den Stupa führen, wandeln die Gläubigen im Uhrzeigersinn dicht an dicht mit Kerzen und Räucherstäbchen.

Rund 90 Kilometer nördlich der Hauptstadt erstreckt sich blauglänzend als beliebtes Ausflugsziel der Vientianer der Stausee *Nam Ngum*. Unzählige bewaldete Inseln liegen im Wasser.

Die aus dem Fluß gezogenen Algen werden weichgeklopft – eine anstrengende Arbeit, besonders in der sengenden Hitze während der Trockenzeit. Algen sind ein wichtiger Bestandteil der laotischen Küche (rechte Seite unten).

Fischkutter, Ausflugsboote und Kähne mit dicken Teakstämmen im Schlepptau tuckern über den See. Von den vor rund dreißig Jahren überfluteten Wäldern ragen vereinzelte kahle Stämme aus dem Wasser. Zum Ausklang des Tages in Vientiane schmeckt die Reisnudelsuppe «Khao Poun» in einem der urigen Pfahllokale am Ufer am besten – während der Mekong langsam Feuer fängt.

Boomtown zwischen Geisterbergen

Nebelschwaden hängen zwischen den Bergen, die entlang des Nam Song wie Wächter Spalier stehen. Noch sind sie von den Wolken verhüllt; nur die Palmen und Reisfelder zu ihren Füßen schimmern im ersten Tageslicht. In den tiefen Höhlen der Berge sollen Geister hausen. Die urtümliche Landschaft aus Kalksteinriesen gipfelt in zwei Teufelshörnern, durch die der Reisende hindurch muß – auf dem Weg nach Vang Vieng. Auf der Landstraße 13 hat sich der Marktflecken 160 Kilometer nördlich von Vientiane zur touristischen Attraktion gemausert. Die ersten Besucher waren Rucksackreisende auf dem vor kurzem noch gefährlichen Weg nach Luang Prabang. Heute läßt man sich in Autoreifen den Nam Song hinuntertreiben und erobert die Dörfer in der Umgebung. Mittlerweile gibt es eine Pizzeria, Hotels und Internet. Und wer weiß, vielleicht hat das elektrische Licht in den Höhlen alle Geister vertrieben …

Touristen, die die malerische kleine Stadt Vang Vieng besuchen (oben), zieht es besonders zu den berühmten Höhlen in der Umgebung. Die Haupthöhle Poukham beherbergt eine liegende Buddha-Statue (rechts).

Mythos, Magier und Monstrum

Der Mekong

1

2

1 Das Stück des Mekong, das durch Laos fließt, ist 1900 Kilometer lang und bisher noch an keiner Stelle eingedämmt. – 2 Der Fluß ist die Hauptverkehrsader des Landes – zunehmend auch für Touristen, die in großen Holzkähnen oder Touristenbooten die Strecke von Chiang Khong nach Luang Prabang fahren (4) und Sehenswürdigkeiten wie die Pak Ou-Höhlen besuchen (5). 3 Bis zu 5 Meter lang werden die seltenen Plabuk-Welse, die im Mekong leben. Wenn den Fischern ein solches Exemplar ins Netz geht, müssen alle mit anpacken.

Der mit 4500 Kilometern fünftlängste Fluß der Erde durchströmt von seinem Ursprung in Tibets Bergen bis zum Mekong-Delta in Vietnam sechs Länder, drei Kulturkreise und drei Klimazonen. Er ist die Lebensquelle der Reisbauern und Fischer, aber auch von mörderischer Gewalt bei Flutkatastrophen. Er ist Hoffnung und Schrecken für alle, die an seine launischen Bewohner, die Geister und Nagas, glauben. Er ist Wohnraum und oft einziger Verkehrsweg.

Seit gut 35 Jahren bezwingt Kapitän Pheng den «Mae Nam Khong». Er vertraut dem Schutz des guten Naga-Königs aus der buddhistischen Mythologie, dem Schöpfer des Mekong. Außerdem weiß er, wo die Felsbarrieren sind und wohin die Fahrrinnen wandern.

3

Der Fluß-Gigant frißt das Binnenland Jahr für Jahr mit gierigeren Bissen. Die Monsunfluten nagen am Ufer, umsonst krallen sich die Wurzeln der mächtigen Royal Trees in die Erde, der Fluß schleppt sie erbarmungslos über Wasserfälle und Landesgrenzen hinweg. Der Wasserstand sinkt, die Fische sterben, die Navigation wird schwieriger. Schuld daran sind vor allem die Dammbauer in China und Thailand. Von den Flußbegradigungen und größenwahnsinnigen Zu-

4

5

kunftsprojekten – rund fünfzig geplante Dämme allein in Laos und einer am Khong-Phapheng-Fall – wären Zehntausende von Menschen durch Umsiedlungen betroffen.

Jedes Jahr, wenn der Mekong die Monsun- und Schmelzwassermassen aus dem Himalaya kaum noch aufnehmen kann, wechselt sein kambodschanischer Nebenfluß Tonle Sap die Richtung. Sein Wasser wird von den Fluten des Mekong zurückgedrückt, und er fließt entgegen seinem natürlichen Lauf in den Tonle-Sap-See. Früher war dieses Wunder mit einem Ritual verbunden: Der Khmer-König gab ein Zeichen, und die Wasser des Tonle Sap machten kehrt. In Zeiten wiederbelebter Traditionen steht heute der Erlauchte Sihanouk beim Ruderfest Bon Oumtouk im November auf der Ehrentribüne am Zusammenfluß von Mekong und Tonle Sap in Phnom Penh und winkt seinen Landsleuten zu. Ein königliches Boot durchtrennt das über den Fluß gespannte Seil, die symbolische Tür. Durch diese fließt der Tonle Sap nun wieder zum Meer.

Das Märchenland hinter den Bergen

Luang Prabang und Nordlaos

Die Abendsonne verwandelt den Mekong in flüssiges Gold (rechte Seite).

Keine Begegnung in Laos ist himmlischer: Wenn die «Lao Aviation» ihre Schleife über *Luang Prabang* zieht, drehen sich die Köpfe der Passagiere mit. Auf dem Bergplateau ducken sich die schwarzen und rotbraunen Ziegeldächer der Königsstadt, rechts reckt der goldene Stupa vom Wat Tauhai seine Spitze aus dem Palmenmeer, links thront der That Chom Si auf dem Phu-Si-Hügel. Der kleine Flieger schwebt zwischen beiden Tempeln ins alte Königreich, die goldenen Stupas sind zum Greifen nah. Die Stadt schmiegt sich auf eine Landzunge zwischen dem mächtigen Mekong und dessen schmächtigem Bruder Nam Khan, ringsum bewacht von imposanten Bergen, Hügeln – und von Buddha. Der «Erleuchtete» erscheint hier in so vielfacher Gestalt, als sei dies seine letzte Wirkungsstätte vor dem Nirvana.

Fast jeder Buddhist verbringt einige Monate in einem Kloster (oben). Die Yao-Frauen erkennt man an ihrer Kopfbedeckung (unten).

Zu Recht gilt Luang Prabang inmitten der gleichnamigen Gebirgsprovinz als Kleinod des Nordens. Die kleine Stadt ist das spirituelle Herz von Laos. Es schlägt seit Jahrhunderten im immer gleichen Rhythmus: friedlich, gemächlich und gelassen. Die Abgeschiedenheit hinter Bergen, die Abenteurer wie Henri Mouhot vor über hundert Jahren nur auf dem Wasserweg stromaufwärts überwinden konnten, bewahrte die Magie der einstigen Hauptstadt. Keine Armeen auf Elefantenrücken oder Rebellen, keine revolutionären Kämpfe oder brüderlich-sozialistischen Arbeitsparolen konnten es aus seinem Schlummer reißen. Seine Bewohner beherzigen heute noch das laotische Sprichwort: «Wer auf der Matte schläft, der fällt nicht tief.»

Stadt des Phra Bang

Nachdem 1977 der letzte Monarch Savang Vattana sein kleines Reich verlassen mußte und in ein Lager deportiert wurde, versank Luang Prabang in einen Dornröschenschlaf. Es merkte zuerst gar nicht, daß ab 1989 immer mehr weitgereiste, moderne Prinzen vor seinen Toren standen und Einlaß ins Märchenreich begehrten. Doch in den letzten Jahren ist die kleine Stadt erwacht und zum allseits beliebten Touristenziel geworden. Seit 1995 wird sie von der UNESCO als Weltkulturerbe geschützt. Hätten nicht Historiker und Forschungsreisende den Ort wiederentdeckt, würde heute der «Trans Asia Highway» von Singapur nach Peking wie geplant Luang Prabang durchbohren. Oder ist dies Phra Bang zu verdanken, dem hochverehrten Goldbuddha in der stehenden Pose des Streitschlichters, der das Städtchen und seine mehr als 30 000 Einwohner vor bösen Mächten bewahrt?

Das erste Lao-Fürstentum am Zusammenfluß von Mekong und Nam Khan hieß zunächst Muong Soua, später Xieng Dong Xieng Thong. König Fa Ngum gründete hier 1353 sein «Reich der eine Million Elefanten», Lane Xang. König Setthathirath benannte die Stadt im 16. Jahrhundert in Luang Prabang um – nach dem Phra Bang, eben jener goldenen Buddha-Statue, die Fa Ngum 1358 von seinem königlichen Stiefvater Jayavarman Paramesvara aus Angkor als Geschenk erhielt. Die Geschichte des Buddha ist die reinste Odyssee durch Laos und Siam: Die 83 Zentimeter hohe, aus 54 Kilo Gold gefertigte Figur wurde versteckt, verloren und wiedergefunden, geraubt und verschleppt, zuletzt sogar von den Thais nach Bangkok entführt und erst im 19. Jahrhundert zurückgegeben. Zum Pimai, dem Neujahrsfest im April, empfängt der Phra Bang im Wat Mai die Gläubigen. Sonst ist er hinter Panzerglas im früheren Königspalast zwischen reich verzierten Elefantenstoßzähnen und anderen Buddha-Figuren zu bewundern. Geheimnisse umgeben den «Erwachten» noch heute: Manche munkeln, die echte Statue liege im Tresor der Nationalbank in Vientiane …

Die berühmteste Klosteranlage von Luang Prabang ist der Wat Xieng Thong aus dem 16. Jahrhundert. In einem der Räume steht die prächtige königliche Sänfte, die mit goldenen Naga-Figuren geschmückt ist (oben). – Bei Regenwetter hat die verträumte Landschaft am Nam Ou einen besonderen Reiz (Mitte). – Muang Sing ist ein wichtiger Handelsplatz für die Stämme aus der Umgebung (rechts).

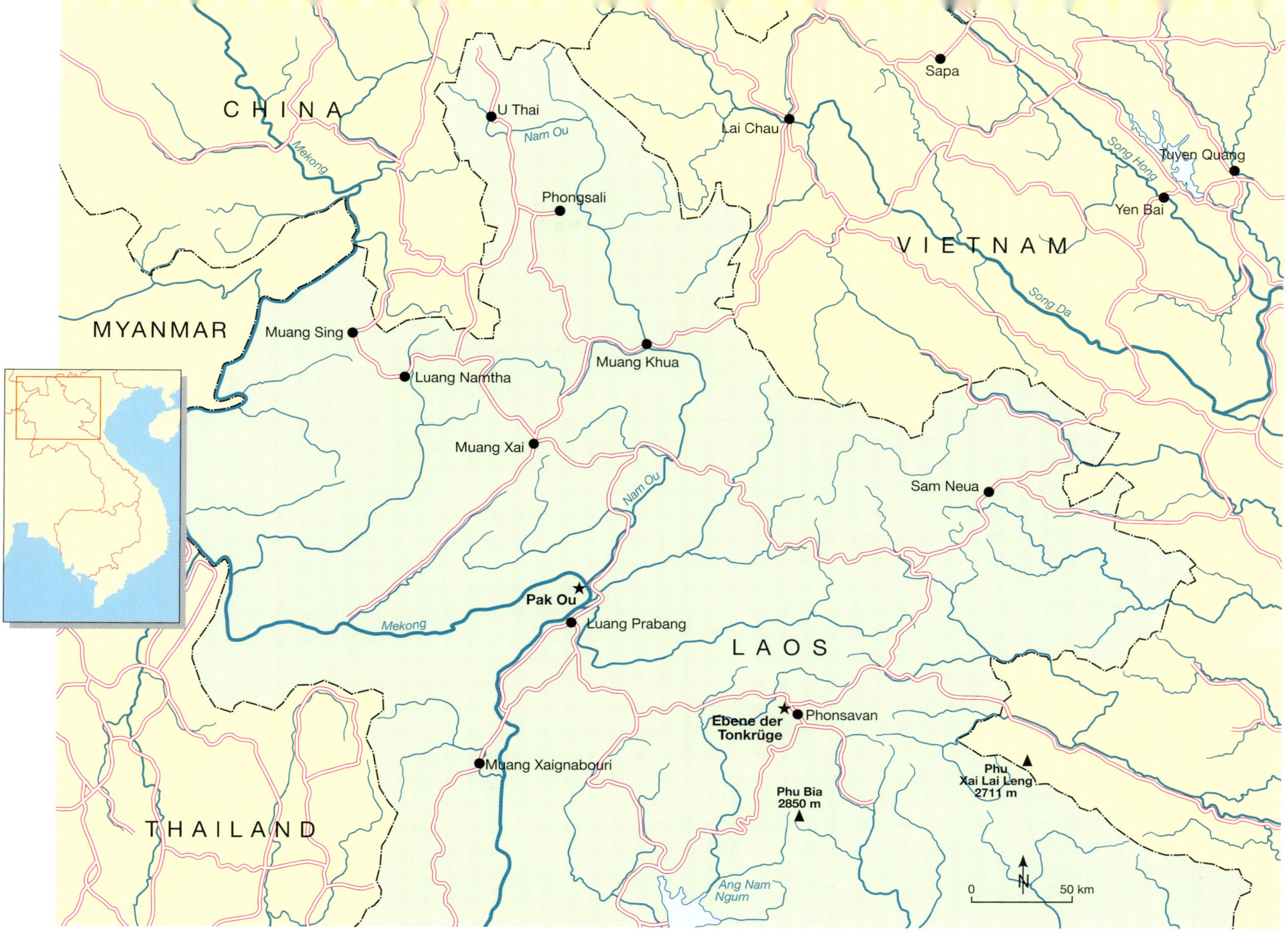

Unter der Obhut der UNESCO werden die historischen Bauwerke in Luang Prabang nun Schritt für Schritt restauriert: die 34 bildschönen Tempel im Lao-Stil, viele gezeichnet vom Alter und dem Tropenklima, in dem Moose und Efeu die Steine erobern und der Monsun die Wände, Ziegel und Grabmäler schwärzt. Die hölzernen Wohnhäuser mit ihren spitzen, mit Ornamenten geschmückten Schindeldächern. Und die schmucken Villen und hübschen Bürgerhäuschen der Franzosen: unten im Schutz der Arkaden der Silberschmied, eine Galerie oder der Krämerladen hinter windschiefen Lamellentüren, darüber die Wohnung mit umlaufendem Holzbalkon und klappernden Fensterläden – eine ganze Straße in Pastellfarben: die Thanon Sakkarine-Photisarath, der wichtigste Straßenzug Luang Prabangs.

Zwischen der Uferpromenade am Mekong und dem Fluß Khan tönen die «thet», die Morgen- und Abendgesänge der Mönche, wie eh und je aus den Tempeln, die alle nur wenige Schritte auseinander liegen. Einige Wats sind kunsthistorisch besonders interessant, manche sind als Museen eingerichtet, wieder andere sind versteckte Juwelen in tropischer Einsamkeit, wo nur das Zirpen der Zikaden zu hören ist.

In den laotischen Städten fahren heute fast nur noch Schüler und Touristen Fahrrad; beliebtestes Verkehrsmittel ist das Moped.

Die Rückfront des Wat Xieng Thong in Luang Prabang schmückt ein Glasmosaik, das den buddhistischen Wunschbaum auf rotem Grund darstellt. Im Vordergrund zeichnet ein Novize die Architektur der Tempelanlage (oben).

Goldene Tempel und Klöster

Trommeln und Pauken kündigen eine Prozession an: Eine Menschenschlange aus Frauen in weißen Spitzenblusen mit Schärpen und Sin, in den Händen Lotosblumen als Symbole der Reinheit, zieht zum Wat Xieng Thong, einer der prachtvollsten Klosteranlagen in Laos, in dem einst die Könige gekrönt wurden. Die Männer tragen ein Bettgestell voller Opfergaben für den Abt und sein Kloster: Am Baldachin sind Kip-Scheine befestigt, darunter liegen Obst, ein paar Sandalen, Waschmittel und safranfarbene Gewänder. «Het bun dai bun», sagen sich die Laoten im Vertrauen auf die uralte buddhistische Lebensweisheit: «Wer Gutes, Schönes

Im ehemaligen Königspalast ist seit 1975 ein Museum untergebracht. Die Sammlung enthält kostbare Buddha-Figuren und Statuen der Könige (links).

Die Ebene der Tonkrüge

Die Provinz Xieng Khouang hat einiges zu bieten: die höchsten Berge, die meisten Bombenkrater, das geheimnisvollste Landschaftsbild – und eine archäologische Besonderheit. Auf der Hochebene Thong Hai Hin liegen bis zu 500 Stein- oder Tonkrüge verstreut, deren Herkunft, Beschaffenheit und Funktion den Forschern bis heute Rätsel aufgeben. Auch Touristen kommen in diese baumlose Steppe, um die Hinterlassenschaften aus grauer Vorzeit zu bestaunen. Stimmt die Legende, derzufolge die Krüge zwei- bis dreitausend Jahre alte Zeugen einer Zivilisation von riesenhaften Vorfahren sind, die ihren Reiswein in den bis zu 3 Meter hohen Gefäßen aufbewahrten? Oder waren die Behälter zur Lagerung von Reis bestimmt? Oder gar Altäre für rituelle Tier- und Menschenopfer? Oder dienten sie als tonnenschwere Urnen, wie die Funde von Knochen und Grabbeigaben vermuten lassen? Wer weiß – vielleicht bleibt dies eines der letzten asiatischen Mysterien. Sicher ist nur: Die Urnen-Theorie aus den dreißiger Jahren des 20. Jahrhunderts findet die meisten Anhänger.

Siebzig Jahre lang, von 1821 bis 1891, wurde am Wat Mai, dem «Neuen Kloster» in Luang Prabang, gebaut. Die Säulen der vorderen Veranda sind mit reichem Goldschmuck verziert, die Reliefs der Wände erzählen die Geschichte von Vessantra, einer der letzten Buddha-Inkarnationen (oben). Ton in Ton: Der Tragegurt des Spendengefäßes («baat») hat die gleiche Farbe wie die Mönchsgewänder (unten).

Luang Prabang: Im Herzen des Tempeldistrikts liegt die Villa Santi, in deren komfortablen Zimmern und Suiten die Gäste besonders freundlich bedient werden (rechts). – Hervorragende Küche und Tafelmusik in stilvollem Ambiente bietet das Restaurant «Indochina Spirits» (großes Bild und unten). Handgewebte Stoffe in allen Farben und Mustern aus Nordlaos gibt es auf dem Markt zu kaufen (rechte Seite unten).

und Rechtes tut, der wird ebensolches zum Geschenk erhalten.» Im Jahr 1560 wurde dieses herrliche Ensemble aus Grabstupas, Pavillons, Gebetshallen und vor Gold strotzenden Pagoden und Bibliotheken geschaffen. Das dreifach gestaffelte Tempeldach schwingt sich in mehreren Stufen elegant herab und berührt fast den Boden. Farbenprächtige Spiegelmosaike und vergoldete Reliefs an Türen und Wänden erzählen alte Legenden, darunter das ursprünglich indische Heldenepos «Phra Lak Phra Ram», auch «Ramayana» genannt.

Weithin sichtbar thront über allen Schreinen der That Chom Si auf dem Gipfel des Phu Si im Zentrum der Stadt: Am laotischen Neujahrstag pilgern die Buddhisten mit Fackeln und Laternen von dem goldenen Stupa hügelabwärts, einer endlosen Lichterschlange gleich zu Ehren des legendären Naga-Königs. Zu Füßen des That Chom Si liegt am Mekong unter Palmen der erst 1904 erbaute, ehemalige Königspalast Ho Kham, in dem König Savang Vattana bis zur Revolution residierte. Neben dem Phra Bang sind in dem jetzigen Museum zahlreiche Kunstschätze ausgestellt, auch das überraschend schlichte Holzbett des Monarchen sowie antike Eisengewichte zum Abwiegen von Opium.

Ein Spaziergänger mit Muße könnte Tage damit verbringen, durch die Gassen zu streifen. Überall stößt man auf dampfende Kessel, ein Hahn stolziert herum, hier öffnet sich ein Klosterhof, auf dem Mönche Reisigbesen schwingen, dort spielen Jugendliche mit einem Bambusball «kator», ein Ballspiel im Kreis, begleitet von der Litanei der Mönche. Und überall gibt es etwas zu entdecken, nicht nur die gut erhaltenen oder restaurierten, sondern auch vergessene Tempel, deren reliefgeschmückte Holztüren

schief in den Angeln hängen und langsam vermodern. Da blättert die goldene Farbe vom Ramayana-Epos langsam ab, bis die Nase von König Rama schwarz ist. Blindgewordene, brüchige Spiegelmosaike zeugen von längst vergangener und doch ewiger Pracht.

Ausflüge in die Provinz

Nicht weit nördlich von Luang Prabang erstreckt sich eine bizarre Gebirgslandschaft. Die Bewohner dort bilden ein schier unüberschaubares Völkermosaik, jeder Stamm hat seine eigene Tracht und seine Geister. Auf den Provinzmärkten herrscht babylonisches Stimmengewirr, kaum jemand spricht laotisch. Das Wechselgeld kann chinesischer Yuan sein, US-Dollar oder thailändischer Baht. Oder man tauscht einfach. Im Norden siedeln

Allein in der Provinz Luang Namtha im Nordwesten des Landes leben etwa vierzig verschiedene ethnische Gruppen. Sie wohnen in kleinen Dörfern mitten zwischen den bis zu 2000 Meter hohen Bergen (rechte Seite). – Xieng Kok liegt an der Grenze zu Burma – hierher verirren sich nur selten Touristen (unten).

die Lao Soung, Angehörige von rund sechzig verschiedenen Bergstämmen und Minderheiten, in weit verstreuten Dörfern. Sie leben vom Jagen, Sammeln, Töpfern, Weben und Korbflechten, von der Herstellung von Holzkohle oder Baumwolle, der Schweine- und Seidenraupenzucht sowie der Schnapsbrennerei. Zwischen den Bambuswäldern und Bananenstauden wachsen auf den Feldern und an Hängen Trockenreis, Kaffee, Mais, Maniok, Erdnüsse, Zuckerrohr und Kohl. Aufgrund von Mangelernährung, schlechtem Trinkwasser und verräucherten Hütten ohne Abzug sind die Kinder oft krank; weit und breit gibt es keine Ärzte.

Khamu-Frauen mit Körben auf dem Rücken sammeln Kräuter, Beeren und Bambussprossen. An ihren Ohren baumeln goldene Ringe, beim Dorfvorsteher blitzt ein Goldzahn im lachenden Mund. Das kostbare Metall stammt zum Teil von den Ufern des Nam Ou. Auf Flößen und Sandbänken sieht man hier in der Trockenzeit oft Frauen beim Goldwaschen – eine harte Arbeit, die in vielen Familien eine lange Tradition hat. Bis zu einem Gramm am Tag, verrät eine der Goldwäscherinnen, spüle sie mit ihrer Holzpfanne aus dem Sand.

Hügel und Berge begleiten den Mekong nach Westen in Richtung Thailand, über die Stromschnellen schlingern Kähne und hölzerne Sampans. Der schmalere Nam Ou schlängelt sich auf seinem Weg aus China durch zerklüftetes Kalksteingebirge. Ringsum wuchert dichte tropische Vegetation. Gelegentlich röhren Speed-Boote durch diese Kulisse einer Fabelwelt: Vorboten einer schnelleren Zeit. Auch der Trans Asia Highway bohrt sich immer weiter durch die Täler und Berge mit über 2000 Meter hohen Gipfeln bis in das «Reich der Mitte». Dieser Transportweg wird die Dörfer aus ihrem jahrhundertelangen Stillstand reißen und die Zeitlosigkeit durch chinesisches Lebensart verdrängen. Instant-Nudelsuppen und billige Kofferradios «made in China» gibt es schon lange auf den lebhaften Märkten in Luang Prabang, das der südchinesischen Provinz Yunnan näher ist als der eigenen Hauptstadt.

«Maak Kuai» heißen Bananen auf laotisch. Eine Nonne in Luang Prabang legt die Früchte auf eine Bastschale, um sie zu trocknen und so haltbar zu machen (rechts).

Fortsetzung Seite 79

1

Mittel gegen böse Geister

Bergstämme und Opium

2

3

4

5

6

1 Wichtige Einnahmequelle für die Bergvölker: der Schlafmohn. 2, 3 und 4 Dunkle Oberteile, farbige Ketten oder Schals und phantasievolle Kopfbedeckungen kennzeichnen die Kleidung der Akha und anderer Bergstämme des Nordens. – 5 Das Leben in den Bergen ist mühsam. Selbst alte Frauen nehmen kilometerlange Wege auf sich, um die Früchte ihrer Feldarbeit nach Hause zu bringen. – 6 In den Akha-Dörfern bei Muang Sing nahe der chinesischen Grenze leben die Stämme noch sehr isoliert. Die Menschen stehen bei Sonnenaufgang auf und gehen bei Dämmerung schlafen. 7 Oft sitzen die Männer des Dorfes zusammen und rauchen gemeinsam eine Pfeife.

In den Bergen im Norden von Laos lebt eine Million Angehörige von Bergvölkern in der Übergangsphase von uralter Tradition zur Moderne. Eine große Rolle spielt für sie der Schlafmohn, der hier seit langer Zeit angebaut wird. Das aus dem eingetrockneten Milchsaft seiner unreifen Fruchtkapsel gewonnene Opium wurde und wird als Naturheilmittel verwendet. Während der Kolonialzeit bewirkte dann das Opiummonopol der Franzosen, daß etliche Bergvölker die Kulturpflanze zu ihrer wirtschaftlichen Grundlage machten. Auf Druck der Vereinigten Staaten erließ Laos 1971 ein Anti-Drogen-Gesetz – und vervielfachte damit den Wert der nun illegalen Ware. Obgleich Anbau, Handel und Besitz von Opium verboten sind und bei Umgang mit Rauschmitteln harte Strafen drohen, rangiert Laos heute weltweit immer noch an dritter Stelle im Mohnanbau, den vor allem die Hmong und Yao betreiben. Die Produktionszahlen schwanken zwischen 60 und 200 Tonnen Rohopium im Jahr. «Früher haben wir alle Schlafmohn angebaut», beteuert ein alter Bauer, «aber heute nicht mehr.» Vermutlich hat er wie viele andere sein Feld einfach verlegt – einen Tagesmarsch entfernt und gut getarnt zwischen ähnlich weinrot und weiß blühendem Ge-

7

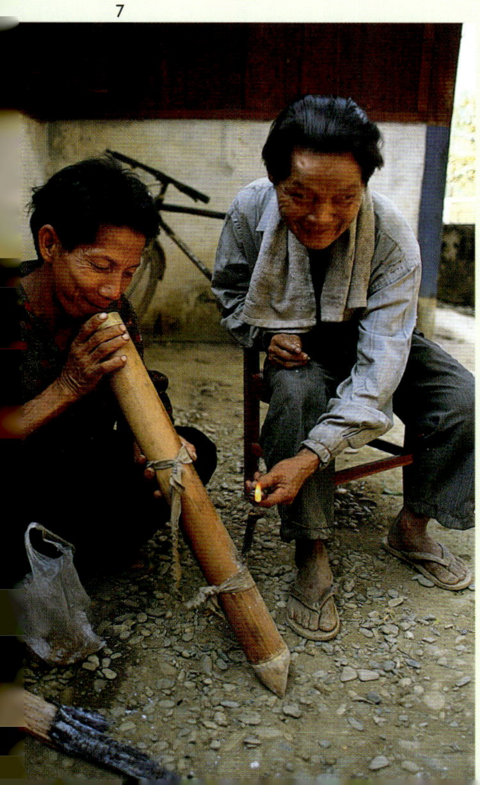

müse. Das Rohopium wird nach Burma geschmuggelt und dort in Großlabors zu Heroin verarbeitet. Aufgrund leerer Staatskassen gibt es nicht viele Dörfer, die mit Ersatzkulturen wie Gemüse oder Obst vom Opiumanbau abgebracht werden konnten. Die Subsistenzwirtschaft hat sich schon in Thailand als problematisch erwiesen. Seit Jahrzehnten ist Schlafmohn die Haupteinnahmequelle im «Goldenen Dreieck» zwischen Thailand, Laos und Myanmar. Sein Saft bringt mehr ein als Kaffeebohnen oder Kohl, und die getrocknete Masse kann bis zu zwei Jahre gelagert werden. Außerdem kommt bei Opium der Händler zum Abholen der Ware, während Ananas und Pfirsiche verfaulen, weil Straßen und Transportmittel zum Markt fehlen. Nicht zuletzt müßten die Bergstämme in tiefer gelegene Gebiete umgesiedelt werden: Nur dort wäre der Anbau von Ersatzkulturen erfolgreich. Angesichts dieser Lage sind die Bauern immer häufiger selbst die besten Kunden: Hunderttausende im Dreiländereck sind abhängig von der süßlich riechenden Droge. Die Opium-Pfeife gehört zur Tradition: Der Rausch vertreibt Schmerzen, Hunger und böse Geister. Und sogar das schreiende Baby beruhigt sich, wenn man es mit dem Rauch anbläst.

Muang Khua liegt am Nam Ou.

Im Reich der Geister und Schatten

Festtagsgewand: Die Angehörigen der Stämme am Nam Phak in der Nähe von Muang Khua legen großen Wert auf reichen Schmuck und bunte Kleidung (linke Seite).

Über den Nam Ou gelangt man in die nördlichste Region, die Provinz *Phongsali*. Hier sind die Geister und wandernden Seelen der Ahnen noch heute allgegenwärtig. Auf steilen Bergterrassen gedeiht Trockenreis, nach dem Jahreswechsel leuchten die weißen, roten und rosa Blüten des Schlafmohns in der Sonne. Das Opium stellt für die Bauern eine traditionelle und lebensnotwendige Einnahmequelle dar.

Im Nordosten kämpften in den siebziger Jahren die Königlichen Truppen mit Unterstützung der Hmong gegen die Rebellen der Befreiungsbewegung Pathet Lao und die sympathisierenden Nordvietnamesen. In den von Höhlen durchzogenen Bergen, vor allem in den stark bombardierten Provinzen Hua Phan rund um die ehemalige Pathet-Lao-Zentrale in Sam Neua und in Xieng Khouang, versteckten sich ganze Dörfer vor der Bombardierung, ebenso die späteren Machthaber und Präsidenten, wie Prinz Souphanouvong und Kaysone Phomvihane. Tragisches spielte sich hier ab, wie 1969 in der Tham Piu in Xieng Khouang: In dieser Höhle starben vierhundert Menschen, vor allem Alte, Frauen und Kinder, als eine Rakete direkt in die Grotte gefeuert wurde. Viele Laoten meiden heute diese Höhle, da sie die Geister der Toten noch darin gefangen glauben.

Einen unwiderstehlichen Zauber besitzt dagegen die Pak-Ou-Höhle *Tham Thing* nördlich von Luang Prabang. Hinter Felsen, die wie Vampirzähne über den Mekong ragen, öffnet sich die Grotte zum meditativen Innehalten und Bestaunen der Buddhas. Aus der Dunkelheit blicken Tausende von Buddha-Figuren auf die Eindringlinge herab. Wo vor Urzeiten der Naga-König Nakhalat hauste, stellten Bauern, Könige, Pilger und Mönche in den vergangenen vierhundert Jahren unzählige Statuen des «Erwachten» auf: kleine, große, grob geschnitzte, in Bronze gegossene, dickbäuchige, um Regenwasser bittende, segnende, meditierende, verstaubte, vergoldete, tausendfach berührte und tausendfach gestohlene.

Noch benutzen die Menschen in Laos die schönen alten Holzboote. Sie wissen geschickt damit umzugehen (oben). – Mit Mountainbikes läßt sich die Umgebung von Luang Prabang gut erkunden (unten).

In den Kalksteinbergen bei der Mündung des Nam Ou in den Mekong liegt Tham Thing, Wallfahrtsort der Laoten und einer der touristischen Höhepunkte am Mekong. Pilger stifteten die zahlreichen Buddha-Figuren, die hier zu sehen sind. Einst sollen es über 5000 gewesen sein, doch mittlerweile ist der Bestand durch Souvenirjäger geschrumpft.

Mit Klebreis und Prahok

Kulinarische Spezialitäten

1

2

3

1 Die Seerose ist nicht nur ein Symbol für Fruchtbarkeit, sondern liefert auch schmackhafte Samen und Wurzeln. – 2 Süßer Imbiß: Fritierte Bananen und Fettgebackenes werden auf dem Markt in Pakse angeboten. – 3 Nichts für empfindliche Geschmacksnerven ist die feurige Hühnersuppe mit Glasnudeln. – 4 Der Markt von Muang Sing ist einer der schönsten in ganz Laos. 5 Delikatesse: Khao Laam sind mit gesüßtem Klebreis, schwarzen Bohnen und Kokosmilch gefüllte und gebackene Bambusröhren. – Ob pur auf Eis (6) oder in Currysoße (7) – Krustentiere findet man auf fast jeder Speisekarte. – 8 Die milden Fleischbällchen, die überall angeboten werden, werden mit einer scharfen Soße gegessen. 9 Glasierte Wachteln.

Die Märkte geben Einblick in die Eßgewohnheiten der Laoten und Khmer: gebratene Bisamratten und Eichhörnchen, Heuschrecken am Spieß, geröstete Spinnen, Hühnerkrallen und Käfer, Eier von sauren Ameisen und gesalzene Termiten, Schlangen – und natürlich Wasserbüffelfleisch.

Ein Muß für jeden Laos-Reisenden ist Khao Poun. Bei diesem laotischen Nationalgericht handelt es sich um eine wohlschmeckende kalte Suppe mit Reisnudeln, Sojasprossen und Kräutern. Der deftige Sud wird aus Fleisch, Fisch und Kokosmilch gekocht. Eine weitere kalte, aber doch «einheizende» Spezialität ist Tam Maak Hung, ein Salat aus geraspelter grüner Papaya, Tomaten, Chili, Erdnüssen und getrockneten Garnelen oder Schweinekruste, den man mit «khao niao» (Klebreis), aus dem «katip» (einem geflochtenen Körbchen) ißt. Oft gehört zu den Speisen ein Teller mit Salaten, Minze, Koriander und süßem Basilikum – in Laos kennt man rund 125 Arten von eßbaren Blättern. Auf jedem Restauranttisch stehen roter und grüner Chili in ganzen Schoten oder klein zerhackt, Zucker, Erdnüsse, Soja- und Fischsauce. Der starke thai-

4

ländische Einfluß bei den Ingredienzien wie Kokosmilch, Chili, Zitronengras, Limonenblätter und Ingwer, gibt den Speisen erst die charakteristische Note, zum Beispiel bei den sauerscharfen, klaren Suppen wie Tom Yam mit Fisch oder Shrimps. Fleischgerichte bestehen meist aus Huhn, süßpaniertem Schweine- oder getrocknetem Rindfleisch, aus Würstchen oder aus gehacktem Fleisch und Fisch wie beim traditionellen Laap. Gemüse kommt in allen Variationen und Geschmacksrichtungen auf den Tisch, gebraten, gedünstet, sauer oder scharf, aber immer knackig frisch.

In Kambodscha sind Reis und Fisch die Hauptnahrungsmittel. Die Nachbarländer haben ihre Speisekarte bereichert: Von den Chinesen stammt die pikante Nudelsuppe, die Thais brachten entschärfte Currys und Suppen und die Vietnamesen den gebratenen Elefantenohrenfisch. Bei all diesen Gerichten ist die Fischpaste Prahok unentbehrlich. Wein, Süßspeisen und Kuchen werden aus Reis gezaubert.

Die Franzosen haben ihren Milchkaffee hinterlassen, ihre Croissants und Baguettes – ofenwarm zum Frühstück oder gefüllt als Snack – sowie die Vorliebe für Froschschenkel.

5

6

7

8

9

Man ißt in Indochina mit Löffel und Gabel, in Dörfern oft auch mit den Fingern, etwa den laotischen Klebreis, der zu mundgerechten Kugeln gerollt wird. Nur beim Genuß von Nudelsuppen kommen Eßstäbchen zum Einsatz.

Palmen, Tempel, Wasserfälle

Zentral- und Südlaos

Mitten im Mekong in der Nähe der Grenze zu Kambodscha liegt die idyllische, palmenbestandene Insel Don Det (unten).

Die Reisbarke hat ihre Fahrt unfreiwillig unterbrochen – sie liegt auf einer 10 Meter hohen Uferböschung im Trockenen. Der «Mae Nam Khong» (Mutter aller Wasser), wie die Laoten den Mekong nennen, hat wieder einmal seine Macht bewiesen. Ruhig, fast gelangweilt, passiert er heute die Stadt Pakse, doch einige Tage zuvor haben seine monsungestärkten Wassermassen das 40 Tonnen schwere Schiff auf die Böschung geschubst. «Die schlimmste Flut seit einem halben Jahrhundert», sagen die Laoten, die alle Hände voll zu tun haben, den Kahn mit alten DDR-Baggern millimeterweise wieder ins Wasser zu bugsieren. Geboren in den Schneebergen des eisigen tibetischen Hochlands, stürzt der Mekong rund 3000 Kilometer hinab in die feuchten Niederungen Hinterindiens. Im Zentrum von Laos läßt er die Ausläufer des Himalaya hinter sich, im Osten flankiert vom Annamitischen Gebirge Vietnams, im Westen vom Khorat-Hochplateau Thailands. In der Tiefebene zieht er die Grenze zu Thailand und wässert die grün schimmernden Weiten.

Ein junges Fischerpaar erfrischt sich in den kleinen Pools der Wasserfälle von Kong Phapheng (rechts). – In einem Dorf an der Straße von Pakse nach Attapeu in Südlaos werden Elefantentouren angeboten. Vor einem schönen alten Holz-Wat warten die Dickhäuter mit ihren Führern auf Kunden (rechte Seite).

Reiskammer der Nation

Im Süden von Zentrallaos fließt der Flußriese vorbei an der Provinz *Savannakhet*, von wo etwa ein Fünftel des landesweiten Reisertrages stammt. Die gleichnamige Provinzhauptstadt läßt kaum spüren, daß sie mit knapp 51 000 Einwohnern die zweitgrößte Stadt Laos' ist. Ihre wirtschaftliche Bedeutung fußt auf dem Handel zwischen Thailand und Vietnam. Die fruchtbare Umgebung,

ein reger Grenz- und Fährverkehr zum thailändischen Mukdahan und die Transitroute Nummer 9 nach Vietnam sichern der Stadt ihren bescheidenen Wohlstand. Immerhin besitzt die neue, mehrstöckige Markthalle den ersten Fahrstuhl des Landes. Das Stadtbild im Zentrum prägen die Arkaden verblichener Kolonialbauten (unter ihnen der ehemalige Gouverneurspalast), chinesische Bretterbuden, die hübsche cremefarbene St. Theresia-Kathedrale unter Palmen und eine Uferpromenade mit Blick auf Thailand. Direkt am Mekong-Ufer beherbergt der Ho Mahesak Khanthaboury, ein anmutiger Holzpavillon, den Schutzgeist der Stadt – ein Ort, den die Laoten stets mit dem «nop»-Gruß passieren.

Etwa 12 Kilometer östlich von Savannakhet erhebt sich zwischen Zuckerpalmen der Stupa *That Ing Hang*. Er gehört zu den historischen Pilgerstätten von Laos, seine Wurzeln gehen bis ins 6. Jahrhundert zurück. Die neu asphaltierte, jedem Monsun trotzende Straße Nummer 9 führt geradewegs in einen Landstrich, den vor dreißig Jahren niemand freiwillig besucht hätte. Bei *Muang Xepon* im grenznahen Osten stößt man auf den Ho-Chi-Minh-Pfad (siehe Seite 97). Nirgendwo rosten mehr Relikte aus dem Vietnamkrieg, vor denen Touristen für Fotos posieren: Wrackteile von US-Hubschraubern und Flugzeugen sowie jegliche Art von Kriegsschrott, der für Laos brauchbares Baumaterial darstellt. Selbst auf dem «Airport» von Savannakhet, einer Bretterbude in Himmelblau, entpuppt sich der einzige Mülleimer als die untere Hälfte einer Bombenhülse.

Das Fährschiff von Hatsaykhun auf die Insel Khong nimmt auch Autos und Kleintransporter mit (oben). – Im Wat Phabat, einem der größten Tempel in Pakse, finden zahlreiche Tempelfeste statt (Mitte). – Stolzer Besitzer: Hähne werden in Laos gehegt und gepflegt (unten).

Pakse – Tor zum Süden

In *Pakse*, weiter südlich am Mekong, wird die nächtliche Geräuschkulisse noch vom Zirpen der Grillen beherrscht. Der Marktflecken, Hauptstadt der Provinz Champasak, liegt am Zusammenfluß von Xe Don und Mekong. Er wurde 1905 französisches Verwaltungszentrum und ist heute der wirtschaftliche Mit-

telpunkt des Südens. Die Stadt ist meist verhüllt von roten Staubwolken oder versinkt bei Regen binnen einer Stunde im Schlamm. Das Palmengrün überragt lediglich der ehemalige Palast des Prinzen Boun Oum. Der Prinz kam allerdings nie selbst in den Genuß, sein auffälliges Schloß zu bewohnen, das wie eine mißlungenverschnörkelte Torte mit einer Prise Orient und etwas zuviel Plattenbau am Ufer des Xe Don steht. Boun Oum emigrierte nach Paris, bevor die Pathet Lao 1975 die Macht übernahm und in sei-

Dichte Wälder bedecken die Landschaft bei Lak Sao zwischen Hin Bun und Tha Khaek (links oben). Die Nationalstraße 12 führt von der vietnamesischen Grenze bis nach Tha Khaek am Mekong (oben und links).

Pakse, die wichtigste Stadt in Südlaos, hat nicht nur viele Tempel, sondern auch besonders schöne Märkte. Die Bauern aus der ganzen Region treffen sich hier, um ihre Waren zu verkaufen und zu tauschen. Da die Stadt in der Nähe des fruchtbaren Bolaven-Plateaus liegt, ist das Angebot an frischen Waren reichlich (oben, unten und rechte Seite oben).

nen halbfertigen Palast einziehen wollte, der dem Zentralkommitee in Vientiane dann aber doch zu aristokratisch schien. Heute ist das Gebäude in thailändischer Hand, wie so vieles hier, und dient als Hotel «Champasak Palace». Chromblitzende Limousinen mit thailändischem Kennzeichen kreuzen durch die Straßen der Stadt, und feingemachte Ausflügler aus dem Isaan bevölkern die Lokale, wo die Bedienung am Morgen die Radiomusik mitsummt: die thailändische Nationalhymne! Thai-Food, Thai-Waschpulver, Thai-Pop. Seit im August 2000 bei Pakse die zweite Brücke über den Mekong eröffnet wurde, hat sich die umständliche mehrstündige Bus-Langboot-Reise zum 40 Kilometer entfernten Grenzübergang Chongmek auf vierzig Minuten verkürzt. Was

chinesische Banden und Thai-Krieger über Jahrhunderte nicht mit Invasionen auf Elefanten oder Flotten von Kanus geschafft haben, vollbringen nun ganz friedlich die Heerschar der Investoren aus Bangkok und Hongkong und das 24-Stunden-Thai-TV.

Pakse gilt als das Tor zum Süden und als Ausgangspunkt zum rund 1000 Meter hohen *Bolaven-Plateau* mit seinen Wasserfällen Tat Lo und Tat Phan, die besonders in der Regenzeit beeindruckend sind. Auf dem Weg liegen viele Märkte und Dörfer, die von Minderheiten wie den Katu, Alak und Nge bewohnt werden. Sie leben vom Reis- und Kaffeeanbau und vom Weben. Zur Ernte werden die Geister noch immer mit einem geopferten Wasserbüffel besänftigt. Das Tier ist an einen Pfahl gebunden, um den die

Für europäische Augen und Mägen ungewohnt, aber in Laos sehr beliebt sind eiweißreiche Insekten. Neben Kakerlaken, Heuschrecken und Spinnen (oben) werden auch Termiten gegessen – mit Salz gebraten verzehrt man sie als Knabberzeug.

Männer mit Masken tanzen. Dann schlagen sie dem Büffel die Beine ab, zerstückeln ihn und verteilen sein Fleisch an die Dorfbewohner. Herz und Eingeweide sind für die Götter bestimmt.

Das Erbe der Cham: Wat Phu

Nicht weit von der Stadt *Champasak* entfernt, betritt der Reisende beim Lingaparvata (Phu Pasak) historischen Pilgerboden. Oben auf der Spitze des Berges prangt ein phallusartiges Felsmassiv in 1200 Metern Höhe: Shivas Phallus («linga») als Symbol seiner Macht. Hindugott Shiva im Buddha-Land Laos? Champasak war um 1700 eines der drei Königreiche in Laos, doch der Name weist auf die Cham aus Vietnam im 5. Jahrhundert, denen später die Chenla und Khmer folgten. Am Fuß des Berges erbauten die Könige aus Kambodscha ab dem 6. Jahrhundert die Tempelanlage Wat Phu. Der damals rein hinduistische Bergtempel ist mit Wasserbecken und Pavillons in klassischer Khmer-Symmetrie auf drei Ebenen errichtet, die heiligste Stätte ist hinter dem Bergwald verborgen. Eine steile Treppe aus Laterit- und Felsquadern führt zu dem Shiva-Heiligtum, das als Weltkulturerbe mit Hilfe der UNESCO restauriert wird. Was Witterung und Tempelräuber an Statuen, Reliefs und Fresken übrigließen, gehört zu den archäologischen Sensationen in Laos. Hervorragend erhaltene Steinmetzarbeiten zeigen das Göttertriumvirat Brahma (der Weltenerschaffer), Vishnu (der Bewahrer) und Shiva (der Zerstörer des Bösen und Erneuerer) sowie Shivas Gemahlin Parvati und die furchterregende Kali, außerdem die siebenköpfige Naga, Shivas Reitstier Nandi und den dreiköpfigen Elefanten, das spätere Symbol für die drei laotischen Königreiche. Im Haupttempel nehmen heute drei Buddhas Opfergaben entgegen, wo einst Menschenopfer dargebracht wurden. All die göttliche Aufmerksamkeit teilen sich im Februar beim buddhistischen Vollmondfest «Maga Puja» Tausende Laoten. Sie feiern ein großes Volksfest mit Klebreis und Reisschnaps («lao lao»), Büffelkampf und Elefantenrennen. Jeder Pilger benetzt seine Haare mit einer Handvoll Wasser aus der heiligen Quelle, die vom Tempelberg herabfließt. Sie soll – vom Gipfelfels Linga gespeist – alle irdischen Wünsche erfüllen.

Der Wat Luang in Pakse wurde 1935 gegründet und beherbergt eine Mönchsschule. Beeindruckend sind die hervorragend erhaltenen geschnitzten Säulen und die farbenfrohen Wandmalereien (oben und rechts). – In der Nähe des Palastes liegt der Wat Phabat. Ohne Gerüst müssen die Novizen das Dach reparieren und die schweren Naga-Figuren an den Giebeln anbringen (rechte Seite).

Alltag im Regenwald

Im Süden präsentiert sich der Mekong mit dem Temperament eines in sich versunkenen Mönches: spiegelglatte Weiten. An den Ufern bestellen die Bauern ihre Felder, Frauen waschen Geschirr,

Fortsetzung Seite 96

1

Von der Raupe zum Sin

Seidenproduktion

Viel Zeit und Arbeit kostet es, aus dem rohen Seidenfaden einen schillernden, buntgemusterten Stoff (4) herzustellen. Bevor die Raupe des Maulbeerseidenspinners (1) sich in einen schönen Schmetterling verwandeln kann, wird sie getötet, indem der Kokon gekocht wird. Der Faden wird abgehaspelt, gesponnen und gezwirnt (5 und 6). Die Rohseide (7) bekommt ihren schönen Glanz und ihre weiße Farbe dadurch, daß sie in einer heißen Seifenlösung gewaschen wird. Das Färben und Weben ist eine hohe Kunst. Für einen der beliebten bunten Wickelröcke, einen Sin, braucht eine Weberin durchschnittlich eine Woche (2 und 3).

2

3

4

Im Jahr 1990 kam die Amerikanerin Carol Cassidy im Auftrag der UN nach Laos, um Alternativen zum Opiumanbau für die Dörfer im Norden des Landes zu suchen. Mit der Gründung ihrer Firma «Lao Textile» rettete sie eine uralte Handwerkskunst vor dem Aussterben. Synthetische Fäden, Kunstfarben, modische Polyester-Röcke und Baumwoll-T-Shirts hatten die Seide und mit ihr das Wissen über die arbeitsintensiven, traditionellen Herstellungsmethoden des kostbaren Stoffes fast verdrängt.

5

Die Seidenproduktion beginnt mit dem Sammeln der Raupen des Maulbeerseidenspinner-Schmetterlings, die sich von den Blättern des Maulbeerbaumes ernähren. Um sich in einen Kokon zu verpuppen, scheidet die Raupe einen zähen Saft aus, spinnt daraus einen bis zu 1000 Meter langen Faden und wickelt sich darin ein. Beim Kochen dieser Kokons in großen Kesseln löst sich der Faden. Er wird mit Pflanzen oder Wurzeln gefärbt, gespült, geschleudert, glatt und gerade geschlagen und auf Spulen gewickelt. An den Webstühlen entsteht schließlich das Seidengewebe: Tag für Tag

7

6

produziert eine Weberin etwa 5 Meterbahnen Seidenstoff. Es gibt verschiedene Techniken: «chok» aus dem Norden, bei der mit einem Stab Fäden in den Saum eingewebt oder gestickt werden, und «matmi» aus Süd- und Zentrallaos, wobei der Seidenfaden vor dem Weben alle 2 Zentimeter in einer anderen Farbe getönt wird. Die Weberin muß ein außergewöhnlich gutes Auge haben, damit ein gleichmäßiges Muster – meist sind es Rauten – entsteht. Eine weitere uralte Besonderheit in Zentrallaos ist das Weben ohne klassischen Webstuhl: Auf dem Boden sitzend bedienen die Frauen ein Webgestell auf ihrem Schoß.

Da die laotischen Weberinnen lange in entlegenen Regionen isoliert waren, konnten sich die traditionellen Motive bis heute behaupten – etwa Darstellungen von Hochzeiten oder Regenbeschwörungen. Zu den populärsten Mustern gehören neben geometrischen Formen mythologische Tiere wie zum Beispiel die zweiköpfige Naga-Schlange oder Drachen, Löwen und Elefanten.

Vor allem die Frauen des Thai-Dam-Stammes im Nordosten des Landes hatten die Seidenweberei perfektioniert. In dem Seidenweberdorf Ban Nongbouathong in der Nähe von Vientiane kann man die seidenen Kunstwerke der Thai Dam begutachten und kaufen.

Heute klappern die Webstühle sogar in der Hauptstadt. Ganze Dörfer beliefern die Firma von Carol Cassidy mit Seidenfäden und -stoffen, und die «Silk»-Läden schießen in Vientiane und Luang Prabang wie Pilze aus dem Boden. Die traditionellen Röcke in Schlauchform werden nicht mehr nur von Laotinnen in Büro, Schule und Universität getragen, sondern erfreuen sich auch bei Touristinnen aus dem Ausland zunehmender Beliebtheit. Zu den mit goldenem und silbernem Brokat verzierten Wickelrökken (Sin) gehört als Blickfang ein kunstvoller, filigraner Silbergürtel, der «sai ao». Und wer sich einen seidenen Zeremonien-Schal («pa biang») leistet, ist stets vor bösen Geistern geschützt.

Tha Khaek, die Hauptstadt der Provinz Khammouan.

Mit internationaler Hilfe wurden in vielen Dörfern in Laos moderne Brunnen gebaut, die den Menschen die Wasserversorgung erleichtern (großes Bild). – Nicht nur vor dem Hochwasser, sondern auch vor Ungeziefer schützen sich die Laoten, indem sie ihre Häuser auf Pfählen errichten. Außerdem sorgt diese Bauweise für eine gute Durchlüftung (großes Bild und rechte Seite rechts). – Zu den Heiligtümern der Tempelanlage Wat Phu Champasak gehört der «Elefantenfels», ein in Stein gehauenes Elefantengesicht (unten).

Fischer werfen ihre Netze aus – Alltagsszenen, wie sie schon die ersten europäischen Mekong-Pioniere vor mehr als dreihundert Jahren erlebten. Die Holzhäuser stehen auf Stelzen. Im Haus des Dorfvorstehers brummt der Generator, auf seiner Veranda brennt abends die einzige Neonröhre in dem 427-Seelen-Dorf, darunter sind die offiziellen Mitteilungen aus der fernen Hauptstadt zu Themen wie Hygiene, Aids und Wahlpropaganda in Bildersprache angeschlagen. Für «langnasige» Besucher zieht der Bürgermeister sein gutes Jackett über, seine Frau reicht Wasser in Bambusbechern. Der Kassettenrekorder leiert laotische Melodien, und es ist nur eine Frage der Zeit, bis auf den Palmwedeldächern TV-Antennen prangen. Der Highway Nummer 13 wird ausgebaut, Strommasten werden aufgestellt – und die Konsum-Sehnsüchte dringen immer tiefer ins letzte Regenwaldgebiet am Mekong.

Das Land der 4000 Inseln

Si Phan Done, übersetzt «4000 Inseln», heißt die Region, die sich im tiefsten Süden von Laos erstreckt. Ungefähr so viele Eilande erscheinen während der Trockenzeit zwischen den unzähligen Armen des Mekong. Viele sind nur Sandbänke und gehen bei Hochwasser wieder unter. Die größte Insel, *Don Khong*, bewohnen etwa 25 000 Laoten, insgesamt zählt Si Phan Done etwa 60 000 Insulaner in 130 Dörfern. Nicht weit entfernt passiert der Mekong die «Geisterfalle» genannten Stromschnellen Khone Li Phi, um beim Wasserfall Khong Phapheng etwa 18 Meter tief in das Grenzland zu Kambodscha zu stürzen. Bis heute gibt es keine Passage über die Kaskaden, die mit 14 Kilometern die breitesten Wasserfälle Asiens sind.

Der Ho-Chi-Minh-Pfad

Der Ho-Chi-Minh-Pfad war ein 16 000-Kilometer-Wegenetz auf laotischem und kambodschanischem Grenzterritorium. Auf den Trampelpfaden der offiziell neutralen Länder brachten nordvietnamesische Soldaten militärischen Nachschub in den Süden: zu Fuß, mit dem Fahrrad, auf Elefanten, Ochsenkarren und sowjetischen Lastern. Vom Dschungeldach getarnt oder unterirdisch entstanden auf dem Gelände zahlreiche Kommandozentralen, Sanitätsstationen, Tankstellen und Werkstätten. Der Pfad wurde von den USA 1964 entdeckt und bis 1970 heimlich bombardiert. Über zwei Millionen Tonnen Sprengstoff und «Agent Orange» wurden bis 1973 abgeworfen – mehr als im Zweiten Weltkrieg auf Europa und Japan. Hunderttausende kamen ums Leben. Trotz hoher Verluste waren die Vietkong-Guerillas und die Nordvietnamesen nicht zu stoppen. Ein Drittel aller Bomben ist nicht explodiert – und tötet weiter.

Die Fluten der 14 Kilometer breiten Mekong-Kaskaden stürzen im Khong Phapheng stellenweise 18 Meter in die Tiefe. Nur mutige Fischer legen hier ihre Reusen aus (unten und großes Bild). – Die Stromschnellen Khong Li Phi bei Don Khong (oben).

Das Brot Asiens

Reisanbau in Laos und Kambodscha

1

2

1 Mühevolle Arbeit: Jeder Halm einer Reispflanze wird von Hand in den unter Wasser gesetzten Boden gesteckt. Je nach Sorte können die Reisbüschel nach drei bis sechs Monaten geerntet werden (2), bevor sie gedroschen werden und der Reis weiterverarbeitet, in Säcke gefüllt und verkauft wird (3, 4 und 6). – 5 Auf etwa zwei Dritteln der landwirtschaftlichen Nutzfläche Laos' wird Reis angebaut – meist Klebreis.

In vielen asiatischen Ländern heißt «essen» wörtlich übersetzt «Reis essen», so auch in Laos und Kambodscha. Der Reis ist hier das «tägliche Brot». Die Verwendungsmöglichkeiten der bis heute angebauten alten Kulturform «Oryza sativa» sind vielfältig: Aus den kleinen weißen Körnern werden Brot und Kuchen, Pudding und andere Süßspeisen gezaubert; und seit vemutlich über tausend Jahren braut man Reisbier, -schnaps und -wein. Die Keime werden zu Speiseöl, Seifen und Kerzen verarbeitet, sogar Tapetenkleister und Wäschestärke lassen sich aus Reismehl herstellen, und

3

4

Zigarettenpapier aus Reisstroh. Und nicht zu vergessen: Dach- und Kopfbedeckungen.

Am Anfang war das Reiskorn – der in den Frischwassersümpfen wachsende Wildreis. Ausgrabungen in Südostchina belegen, daß Wandervölker, Vorfahren der Hmong, mit ihrem Naßreis vor siebentausend Jahren in Richtung Süden zogen und die Kulturpflanze in ganz Asien verbreiteten. Es entstanden weitverzweigte Kanalsy-

5

steme, die mit Hilfe der Flüsse und des Monsunregens den Anbau von Schwimm- und Naßreis ermöglichten. So konnten Hochkulturen wie die Angkor-Könige ihre gewaltigen, bevölkerungsreichen Imperien gründen und verteidigen: Mit der magischen Beherrschung des Wassers durch Kanäle, Deiche und Dämme erreichten die Khmer-Herrscher mehrere Ernten im Jahr und ernährten so eine Million Untertanen.

Das Süßkorngetreide bestimmt den Jahresrhythmus aller Asiaten, nicht nur der Reisbauern. Legenden, Feste und Götter sind mit dem Reis fest verbunden, so verehren zum Beispiel die Akha Yamyatsa als Geist des Reisfeldes. Reis ist ertragreich, sein Anbau allerdings äußerst arbeitsintensiv. Das Schachbrettmuster der Reisfelder prägt das Landschaftsbild in ganz Asien: Inmitten eines wogenden Meeres aus Smaragdgrün sind von den ständig in gebückter Haltung arbeitenden Menschen nur die Strohhüte oder karierten Tücher zu sehen. Vor der Aussaat müssen die Körner keimen, die Schößlinge werden dann von Hand als einzelne Halme in die gefluteten Felder gesteckt. Oft sind es Frauen, die diese knochenharte Arbeit verrichten – bei Sonnenschein oder Mon-

6

sungüssen, in schlammigen Naßreis-Feldern oder im Tonle-Sap-See beim Anbau von kambodschanischem Schwimmreis, dessen Halme bis zu 6 Meter lang werden können.

Bei stets exakt kontrolliertem Wasserstand reifen die Schößlinge drei bis sechs Monate. Die Ernte in den trockengelegten Feldern findet meist im Oktober und November statt. Mit der Sichel werden die Ähren geschnitten und anschließend die Körner aus den Garben gedroschen. Das alles ist in vielen Gegenden noch Handarbeit. Bevor der Reis in die Töpfe kommt, wird er in der dörflichen Reismühle geschält.

Ein Land im Aufbruch

Phnom Penh, das Zentrum, der Osten und Süden

«*Phnom Penh* erschien mir als die schönste Stadt Asiens. Die französische Kolonisation hatte breite Alleen mit gewaltig ausladenden Mangobäumen hinterlassen. Am Strom glänzten die goldenen und grünen Dächer des Königspalastes. (...) Ein eigenartiger Friede ging abends von dieser Stadt aus, wenn man unter den hohen Bäumen bei nachlassender Hitze mit der Rikscha zu den Hafenquais fuhr, wo sich seit dem Abgang der Kolonialherren nichts geändert hatte.»
Diese nostalgische Beschreibung der Hauptstadt Kambodschas stammt von dem Südostasienkorrespondenten Peter Scholl-Latour aus dem Jahr 1965. Zu dieser Zeit traten die USA mit massiven Bombardements in den Vietnamkrieg ein. Zehn Jahre später hatten die «ameisenhaften» Nordvietnamesen dem Napalm und den Bombenteppichen der Weltmacht USA siegreich getrotzt – doch das schöne Phnom Penh war eine menschenleere Geisterstadt: Da sich der Vietkong dem Zugriff der Amerikaner immer wieder auf neutralen Boden entzogen hatte und man von der Existenz des legendären Ho-Chi-Minh-Pfads im Dschungel der Grenzregion wußte, signalisierten US-Präsident Nixon und sein Außenminister Kissinger 1970 ihr Einverständnis mit einem Putsch gegen den lavierenden Prinzen Sihanouk und ließen das gar nicht im Krieg befindliche Kambodscha in einem überheblich «Operation Breakfast» genannten Überfall von ihren B-52 in Schutt und Asche legen. Innerhalb von vierzehn Monaten regneten auf Kambodscha mehr Bomben als auf Japan im Zweiten Weltkrieg.

Die mörderische Bombardierung rüttelte die Khmer aus ihrer buddhistischen Friedfertigkeit. Indem die Amerikaner ihre Häu-

In Phnom Penh gibt es viel zu sehen: Die Promenade (oben), Wat Phnom mit seinen dekorativen Reliefs (unten) und die Silberpagode (rechte Seite).

Vor den Stadttoren von Kompong Cham steht der Wat Nokor, eine Tempelanlage aus dem 11. Jahrhundert (rechts). – In den heißen Monaten, von Dezember bis Juli, läßt es sich an den feinsandigen Stränden von Sihanoukville gut aushalten (unten). Von hier kann man mit dem Schnellboot nach Thailand übersetzen.

ser und Felder in Bombentrichter verwandelten, trieben sie die Landbevölkerung in Massen der anfangs von Nordvietnam unterstützten Guerilla-Bewegung der Roten Khmer in die Arme. Diese eroberte eine Provinz nach der anderen, und zu der halben Million Einwohner des belagerten Phnom Penh gesellten sich weitere eineinhalb Millionen Flüchtlinge. Am 17. April 1975, dem buddhistischen Neujahrsfest, marschierten die Roten Khmer in ihren schwarzen Anzügen und rotkarierten Halstüchern kampflos und wie Befreier empfangen in die Hauptstadt ein. Ihre weitgehend anonyme Führung, der Angkar («Die Organisation»), befahl, die Stadt binnen 48 Stunden von allen Bewohnern zu räumen. Wer sich weigerte oder unfähig war zu gehen, wurde von meist halbwüchsigen Kindersoldaten auf der Stelle umgebracht.

Im Namen eines wahnwitzigen Programms, das jegliche städtische Zivilisation als westliche Dekadenz brandmarkte und aus der gesamten Bevölkerung selbstversorgende Reisbauern machen wollte, begann der systematische Mord am eigenen Volk, dem im Lauf der kaum vierjährigen Terrorherrschaft der Roten Khmer nach Berechnungen von Amnesty International 1,5 Millionen Menschen zum Opfer fielen. Phnom Penh blieb während dieser vier Jahre eine geplünderte Geisterstadt. Dieses erst 25 Jahre zurückliegende Trauma darf nicht vergessen, wer die heute wieder von Menschen quirlende, aber in vielen Stadtvierteln noch gesichtslos wirkende Kapitale Kambodschas besucht.

Wer nicht selbst durch Phnom Penh strampeln möchte, kann sich mit einem «cyclo» fahren lassen.

Geschichte mit Brüchen

Die Epoche der Roten Khmer war nicht der einzige Bruch in ihrer Geschichte: Als das Reich von Angkor endgültig den aus China hereindrängenden Thais unterlag, verlegte König Ponhea Yat 1434 seine Residenz nach Süden an die Stelle, wo die Lebensader des Khmer-Reichs, der Tonle Sap, in den Mekong mündet. Auf einem Hügel soll sich damals eine Pagode mit vier Bronze-Buddhas befunden haben. Der Legende zufolge hatte eine reiche Witwe

namens Penh sie auf einem im Fluß treibenden Baum gefunden. Auf dem Hügel («phnom») errichtete sie ihnen den Tempel. Um die neue Residenz entwickelte sich ein Handelsplatz; doch kaum hundert Jahre später wichen die Könige erneut vor kriegerischen Unruhen aus. Phnom Penh glitt in stille Fahrwasser zurück.

Erst als die Franzosen Mitte des 19. Jahrhunderts zugriffen und ein bereits stark beschnittenes Kambodscha unter ein Protektorat nötigten, das es gegen die britischen Kolonien Hinterindiens vor seiner Aufteilung unter den übermächtig gewordenen Nachbarn Siam (Thailand) und Vietnam bewahren sollte, diktierten sie 1866 dem von ihnen an der Macht gehaltenen König Norodom, sich wieder in Phnom Penh niederzulassen. Als «Palast» überließen sie dem König den Pavillon, den man ursprünglich für

Das «Riverside» am Uferkai von Phnom Penh ist ein beliebtes Lokal, in dem sich Touristen und Einheimische zum Frühstück oder zum Brunch treffen (links).

Kaiserin Eugénies Teilnahme an der Eröffnung des Suez-Kanals in Ägypten errichtet hatte. So wurde ein Second-Hand-Bau im Zuckerbäckerstil des «Second empire» zur Keimzelle des neuzeitlichen Phnom Penh. Für sich selbst bauten die Franzosen schöne Kolonialvillen, in denen sich seit dem Einzug der UNO 1992 viele internationale Hilfsorganisationen eingerichtet haben.

Abbrüche und Neuanfänge also charakterisieren die Geschichte Phnom Penhs, und sie spiegeln sich auch im Erscheinungsbild der erst jüngst wiedererwachten Stadt. Trotz des von den Franzosen angelegten schachbrettförmigen Straßennetzes herrscht viel Wildwuchs. Viele Straßen tragen zwei verschiedene Namen, andere dafür gar keinen; man reißt ab, baut auf und an,

Wat Phnom ist ein Anziehungspunkt nicht nur für Mönche (großes Bild). Die Städter kommen hierher, um in den Schreinen zu opfern (links unten) oder sich in den Parkanlagen fotografieren zu lassen (unten).

wie es paßt; dazwischen fließt unaufhörlich der von Jahr zu Jahr anschwellende Verkehrsstrom nach dem asiatischen Fahrprinzip «Nutze die winzigste Lücke!» Die schönste Stadt Asiens wird man Phnom Penh schwerlich nennen mögen. Im Zuge des Nachkriegsbooms entstehen nach Bangkoker Vorbild zahlreiche «Karaoke & Massage»-Bars, und in den Vergnügungsvierteln tickt die Zeitbombe Aids. Deshalb sollten Reisende lieber die Märkte der Hauptstadt – besonders den sogenannten Russenmarkt und den Zentralmarkt mit seiner Halle im Art-déco-Stil – besuchen, wo ein inzwischen wieder reiches Angebot erfreulicherweise von einer allmählichen Erholung des Landes kündet. Und vielleicht kann man die geschäftige Treibhausatmosphäre der Hauptstadt überhaupt als fruchtbares Chaos für ein prosperierendes Kambodscha betrachten. Es ist zu hoffen, daß von der Aufbauhilfe der Weltbank etwas bei denen ankommt, die das Geld am nötigsten haben: bei den 87 Prozent der Bevölkerung etwa, die bis heute keinen Zugang zu sauberem Trinkwasser haben. Bis sich die Situation im Land auch für den armen Durchschnittskambodschaner bessert, wird allerdings noch viel Wasser den Mekong hinabfließen, denn nachdem die Roten Khmer systematisch Menschen unter dem Vorwurf des «Intellektualismus» umbrachten, nur weil sie eine Brille trugen, fehlt dem Land eine ganze Generation von Menschen mit guter Ausbildung. Lediglich ein Drittel der heute lebenden Khmer kann lesen und schreiben.

Die «flache Reisschüssel» des zentralen Tieflands

Sobald man die Hauptstadt verläßt, sieht man deutlich, daß die Landwirtschaft noch immer der größte Erwerbszweig ist. Durch kleine Erdwälle und schmale Raine voneinander getrennt, an denen vereinzelt schlanke Zuckerpalmen ihre hohen Schöpfe

Phnom Penh: Der Wat Sarawan wurde 1936 erbaut (unten). In einem eleganten Gebäude aus roten Ziegeln ist das Nationalmuseum untergebracht. Die umfangreiche Sammlung enthält unter anderem wertvolle Stücke aus der Angkor-Periode (10. bis 14. Jahrhundert; rechte Seite).

recken, reiht sich Reisfeld an Reisfeld. Wasserbüffel, stets von einem Schwarm weißer Kuhreiher umgeben, weiden das Stroh ab oder suhlen sich in Tümpeln. Doch nach der Schneeschmelze im tibetischen Hochland, wo der Mekong seinen Ursprung hat, und unter den schweren Regenfällen der Monsunzeit ändert das Land grundlegend sein Gesicht. Eine ausgedehnte Wasserlandschaft entsteht, in der sich die Menschen in einfachen Kähnen stakend fortbewegen. Geht das Wasser nach Monaten zurück, werden auf den überfluteten Feldern die kleinen, so intensiv grünen Reispflänzchen gesetzt.

Erst weit im Süden führt die einzige gut ausgebaute Nationalstraße des Landes zwischen hügeligen Ausläufern zweier Bergketten hindurch, den Elefanten- und den Kardamombergen. Die Naßreiskultur wird zum Teil von Plantagen abgelöst: Bananen, Pfeffer, Palmen, Zuckerrohr. Die Berghänge im Hintergrund sind dicht mit Regenwald überzogen, in dem es noch frei lebende Elefanten und Tiger geben soll. Vor einer Generation war Kambodscha zu drei Vierteln mit Wald bedeckt, doch von diesen mehr als 13 Millionen Hektar ist heute vor allem in den Grenzprovinzen zu Thailand und Vietnam schon mehr als die Hälfte durch großenteils illegalen Holzeinschlag verschwunden. Daß die Wälder im Süden noch weitgehend unangetastet blieben, haben sie den Roten Khmer zu danken: Sie hielten in den unzugänglichen Bergwäldern lange Zeit Bastionen des Widerstands und haben das Gelände mit Minen verseucht, für deren Entschärfung bis heute kein Geld vorhanden ist.

Inzwischen sind die meisten Bereiche des Königspalasts von Phnom Penh zur Besichtigung geöffnet – auch die prunkvolle Thronhalle.

Sommerfrische an der «Riviera Indochinas»

Kambodscha ist «ein Land, in dem das Verlassen ausgetretener Pfade schiere Dummheit ist», heißt es auf der Homepage des renommierten Reiseführer-Verlags Lonely Planet, und solange Kambodschareisende abseits der Hauptwege akuter Gefahr aus-

Fortsetzung Seite 113

Schloß mit Aussicht

Der Königspalast in Phnom Penh

1

2

3

4

5

6

1 In der Thronhalle des Königspalasts wurde auch Sihanouk 1993 zum König von Kambodscha gekrönt. – 2 Weitgehend verschont von der Zerstörungswut der Roten Khmer blieben die Kunstschätze aus der Thronhalle. – 3 Vor der Silberpagode steht das Grabmal König Ang Duongs, des Großvaters von Sihanouk. – 4 Die Silberpagode ist ein eindrucksvolles Zeugnis der Khmer-Kunst aus dem 19. Jahrhundert. Die 5281 Silberplatten, die den Boden im Innern bedecken, gaben der Pagode ihren Namen. 5 Heiligtum: die Zebu-Kuh aus der Prä-Angkor-Periode im Königlichen Museum. 6 Wandmalereien schmücken die Galerie um die Silberpagode. – 7 Ein Buddha aus Glas am Osttor des Königspalasts.

Kühn geschwungene Pagodendächer mit goldgelb und grün glasierten Ziegeln, glockenförmige Stupas, verzierte Giebel, hohe, offene Pavillons auf schlanken Pfeilern: Was über die stets in frischem Gelb gestrichene Mauer des königlichen Palasts in Phnom Penh ragt, wirkt wie ein Märchenschloß traditioneller fernöstlicher Baukunst – und entpuppt sich bei genauerem Hinsehen doch nur als historizistischer Bluff des 19. Jahrhunderts. Die Lage immerhin ist strategisch überragend gewählt. Von der Terrasse des Pavillons Chan Chhaya an der Außenmauer, von der sich der König bei festlichen Anlässen an sein Volk wendet, genießt man über den Uferboulevard hinweg einen herrlichen Ausblick auf den kilometerbreiten Zusammenfluß von Mekong und Tonle Sap. Früher stand hier die Zitadelle des Handelspo-

7

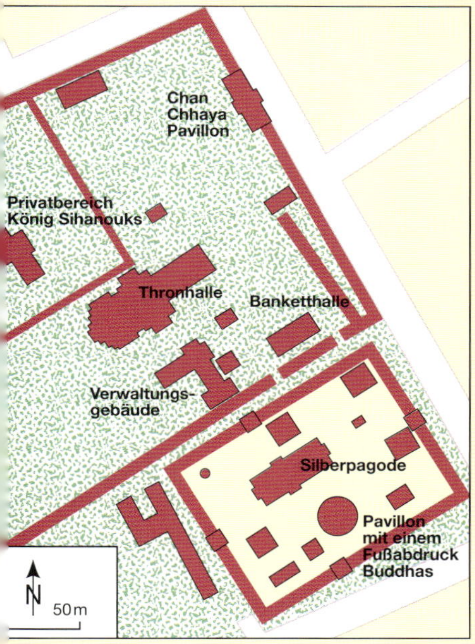

stens, bis die Franzosen beschlossen, die von ihnen protegierten Khmer-Könige seien hier besser aufgehoben als im abgelegenen Udong. Also wurde 1869 in Suez nach der Eröffnung des Kanals der mit Schmiedeeisen verschnörkelte Pavillon der Kaiserin Eugénie ab- und als königliche Residenz in Phnom Penh wieder aufgebaut. Gleich daneben ließ König Norodom 1892 nach dem Vorbild des Wat Phra Keo in Bangkok eine große Pagode als Familiengrab errichten, die auch den Staatsschatz aufnehmen sollte. Man goß den königlichen Silberhort in über 5000 silberne Platten von je einem Kilogramm Gewicht und flieste damit den Fußboden. Aus 90 Kilogramm purem Gold ließ Norodoms Nachfolger Sisowath anläßlich seiner Krönung 1906 einen lebensgroßen Buddha anfertigen, der mit mehr als 9500 Diamanten besetzt ist. Die Dynastie war zu Geld gekommen. Und wie andere Neureiche fuhr sie damit fort, ihren Reichtum prunkvoll zur Schau zu stellen.

Der Reiseschriftsteller Norman Lewis spöttelte: «Man denke sich eine Reihe von Königinnen, die regelmäßig ihre Geschirrschränke aufräumen und mit dem Ausgemusterten in die Silberpagode hinübertrippeln.»

Der Archäologe und Maler George Groslier legte 1917 den Grundstein für die Thronhalle und das neben dem Palast liegende Nationalmuseum. Über dem prunkvollen Bankett- und Krönungssaal, der ebenso wie einige der inneren Palastmauern mit Szenen aus dem «Ramayana» bemalt ist, erhebt sich ein fast 60 Meter hoher, viergesichtiger Turm, der dem Bayon-Tempel in Angkor nachempfunden ist. Das Ensemble des Palasts von König Sihanouk wird heute zunehmend dem Publikum geöffnet und zählt zu den Hauptsehenswürdigkeiten von Phnom Penh.

gesetzt sind, weil noch immer Minen im Boden liegen, wird der Plan der Regierung, an der Küste touristische Alternativen zu den Stränden Thailands zu entwickeln, wohl nicht in größerem Umfang verwirklicht werden können. So ist das kambodschanische Ufer des Golfs von Thailand noch immer größtenteils undurchdringliches Mangrovendickicht, und an den weißen Stränden von Sihanoukville tummeln sich unter den Ausflüglern aus der Hauptstadt lediglich ein paar Weltenbummler, die es nicht lassen können, «off the beaten track» zu reisen. Der Ort, in dem früher die amerikanischen GIs Erholung suchten, ist bis heute der einzige Küstenort Kambodschas, der eine touristische Infrastruktur hat. An Wochenenden gleicht er einem Rummelplatz.

Das Königliche Ballett hat eine lange Tradition. Es reicht zurück bis in die Blütezeit des Khmer-Reiches. Je kunstvoller die Apsaras, die Frauen des königlichen Harems, tanzten, desto größer war der Ruhm der Gottkönige. Die Roten Khmer brachten die meisten Künstler und ihre Lehrer um, doch seit 1981 wird an der Schule der Bildenden Künste wieder klassischer Tanz unterrichtet (oben).

Die Tänzerinnen beginnen früh, teilweise im Alter von sieben Jahren, mit der Ausbildung (oben). Es dauert viele Jahre, bis sie die 3500 Bewegungen erlernt haben, die zum traditionellen Repertoire gehören (linke Seite).

Davon, wie schön es an dieser «Riviera Indochinas» sein könnte, bekommt man weniger in Sihanoukville eine Ahnung als in dem winzigen Ort *Kep*, wo sich die französischen Kolonialbeamten eine hübsche Sommerfrische angelegt hatten. Entlang einer gewundenen Küstenstraße liegen auf den Hängen über dem Meer kleine Sommerhäuser in dschungelartigen Gärten voller Hibiskus, Frangipani und Jasmin, parallel zum Sandstrand verläuft eine von Magnolien beschattete Uferpromenade. Doch die Verwüstungen, die die Roten Khmer hier angerichtet haben, um die «schändlichen Auswüchse» des Kolonialismus zu beseitigen, sind noch überall sichtbar: Von den herrschaftlichen Häusern sind oft nicht

Strand in Sihanoukville.

Von den eleganten Hotels, Villen und Kasinos aus der französischen Kolonialzeit ist in Kep nicht mehr viel zu sehen. Erst langsam erwacht der einst mondäne Badeort wieder zu neuem Leben und wird zunehmend von den Phnom Penhiern als Wochenendziel genutzt (oben). Die Einheimischen freuen sich über die Gäste und bieten am Strand kleine Snacks, Obst und Getränke an (rechts).

mehr als rußschwarze Mauern übriggeblieben. Mannabäume und Würgefeigen beginnen, die Ruinen zu überwuchern, und in den brandigen Gemäuern richten sich Fischerfamilien ein.

Ein Volk von Sanftmütigen

Betroffen vom Ausmaß der Armut in diesem geschundenen Land und gleichzeitig irritiert über die passive Art, sich darin einzurichten, trete ich unter das Palmdach einer offenen Garküche am Strand. Die Betreiberin erhebt sich aus ihrer Hängematte und schenkt mir, während sie den primitiven Holzkohleherd aufschürt, ein unbekümmert strahlendes, bezauberndes Lächeln. Unerklärliches Kambodscha. Oder letzter überlebender Rest einer

In Sihanoukvilles «Fishing Village» kann man sich an Meeresfrüchten sattessen. Die Stadt ist bekannt für ihre fangfrischen Shrimps, Langusten und Tintenfische, die in den Restaurants auf vielerlei Art zubereitet werden (unten).

verlorenen, untergegangenen Kultur? Der britische Reiseschriftsteller Norman Lewis hat Anfang der fünfziger Jahre des 20. Jahrhunderts noch erlebt, wie man Ausflüge zur Baumblüte organisierte oder in den stillen Abendhimmel Reiher aufsteigen ließ, um sich an dem Schauspiel zu erfreuen. Der im Buddhismus gelehrte Respekt vor jeglicher Form von Leben ließ selbst Fischer nur mit der Rechtfertigung auf Fang gehen, sie würden die Fische vor dem Ertrinken retten. Der französische General, der die kambodschanischen Truppen kommandierte, hatte sich damit abgefunden, daß aus ihnen keine harten Soldaten zu machen waren. «Was muß dieses Volk durchgemacht haben», schrieb Lewis, «damit es die Söhne und Brüder der sanftmütigen Soldaten in die grausamen, unersättlichen Schlächter der Roten Khmer verwandelte?»

Auf staubigen Straßen

Reisen auf eigene Faust hält in vielen Ländern Asiens seine ganz eigenen Reize und Überraschungen bereit. In Kambodscha stellt es ein besonderes Abenteuer dar. Zwar gilt mittlerweile selbst die noch vor wenigen Jahren wegen marodierender Soldaten und Wegelagerer berüchtigte Nationalstraße 6, die östlich um den Tonle Sap herumführt, als sicher, doch noch immer bewegen sich Minensuchtrupps vorsichtig neben dem Fahrbahnrand, und die nicht asphaltierte Straße selbst gleicht über weite Strecken einem Trichterfeld. Da es noch kaum ein Netz öffentlicher Überlandbusse gibt, sind Individualreisende darauf angewiesen, jeglichen Transportraum zu nutzen – am besten private Pickups, auf deren bis zum letzten Zentimeter genutzten Ladefläche man sich wie die Einheimischen mit einem Handtuch vor dem überall eindringenden roten Staub schützen sollte.

Phnom Penh: Viel Atmosphäre und ein Blick über den Boeng-Kak-See bietet das «Lakeside Guesthouse» (oben). – Höchsten Ansprüchen gerecht wird das «Le Royal». Hier gibt es kambodschanische Küche vom Feinsten (unten). – Stimmungsvoll: Sonnenuntergang am Fluß Kampot (großes Bild).

Mit Wasser, Booten und Raketen

Feste in Laos und Kambodscha

1

2

3

Während die chinesischen Einwohner Laos' und Kambodschas Ende Januar oder Mitte Februar das Neue Jahr feiern (1), begehen die Laoten dieses Fest Mitte April (6). Das Wasser, mit dem sie sich begießen, soll Glück und Segen bringen (7). – 2 und 3 Zu Ehren Buddhas und aller Stupas in Laos findet zur Zeit des Vollmonds im November das dreitägige That-Luang-Festival in Vientiane statt. Tanzaufführungen und ein Feuerwerk gehören zu den Höhepunkten des Festes. – 4 Regen erhoffen sich die Laoten, wenn sie beim Raketenfest ihre selbstgebastelten Feuerwerkskörper in den Himmel schießen. – 5 Zum Maga-Puja-Festival in Champasak, Laos, pilgern die Gläubigen, um dem Buddha im Wat Phu zu opfern.

Das neue Jahr beginnt mit einem Wasserguß: Beim Boun Pimai, dem laotischen Neujahrsfest, haben nicht nur die Kinder viel Spaß daran, sich gegenseitig mit Wasser zu überschütten und sich so von den Sünden des vergangenen Jahres reinzuwaschen. Besonders prunkvoll wird die Pimai in Luang Prabang gefeiert. Ein langer Umzug mit Mönchen, prächtig gekleideten Mädchen und einer Elefantenstatue bewegt sich durch die Straßen der Stadt. Die anderen wichtigen Feierlichkeiten, die übers Jahr in Laos stattfinden, sind mit dem Buddhismus verbunden, etwa das That-Luang-Fest in Vientiane, bei dem man dem Beginn der Verbreitung des

4

Buddismus gedenkt. Im Rahmen des Visaakha Buusa, des Geburtstags von Buddha, wird das wilde Raketenfest gefeiert, das seinen Ursprung in alten Fruchtbarkeitsritualen hat.

In Kambodscha richten sich die Feste meist an den Rhythmen von Aussaat und Ernte, Regen und Trockenheit, Neu- und Vollmond aus – schließlich leben die meisten Kambodschaner von der Landwirtschaft. So wird die Eröffnung der Pflanzzeit mit einer traditionellen Zeremonie gefeiert: Könik Sihanouk pflügt jedes Jahr im Mai symbolisch den Platz vor dem Nationalmuseum mit einem Ochsengespann.

5

6

7

Wenn die Fluten in der Regenzeit ihren höchsten Stand erreicht haben und das Land allmählich wieder freigeben, kommt für die Khmer die Zeit der Erneuerung, vor deren Eintreten man gemeinsam die Toten ehrt. Aus Schäften von Bananenstauden werden kleine Segelboote gebastelt, die man nach Einbruch der Dunkelheit mit Opfergaben beladen auf einem Gewässer aussetzt. Die Seelen der Toten sollen auf diese Weise besänftigt werden und endlich ins Reich der Geister eingehen.

Vergehen und Werden, Kommen und Gehen, diese beiden Seiten des Lebens führt den Kambodschanern ihr wichtigstes Element, das Wasser, jahrein, jahraus in regelmäßigem Wechsel vor Augen. Der Monsun läßt das Land versinken, bis es sich am Ende der Regenzeit aufs Neue fruchtbar aus den Wassern erhebt. Kein Wunder, daß das größte Fest der Khmer das dreitägige Wasserfest ist, mit dem das Umkehren der Strömung im Tonle Sap zum Herbstvollmond gefeiert wird. Bis zu hundert Dorfgemeinschaften treten vor dem Königspalast in Phnom Penh in rituell bemalten Booten zum Wettrudern an. Den Booten werden magische Kräfte nachgesagt; schwangere Frauen meiden ihre Nähe. Mehr als dreißig Männer und Frauen, jeweils nur die sorgfältig ausgewählten Besten ihres Dorfes, rudern vor Tausenden von Zuschauern um die Wette. Ein Sieg bei der Regatta des Bon Oumtouk gilt als günstiges Omen für das ganze Dorf. Zum Abschluß des Festes treiben die Boote prächtig erleuchtet unter einem gewaltigen Feuerwerk am Palast vorüber.

Weltwunder und das Große Wasser

Angkor, der Westen und der Norden

«Wir Kambodschaner lächeln am Tage und weinen in der Nacht», sagt der Mann, der ausgerechnet neben dem Siegestor am Eingang zur Tempelstadt von Angkor Thom sitzt. Er hat keine Beine mehr und ist gezwungen, sich seinen Lebensunterhalt mit Betteln zu verdienen – einer von über 40 000 Kriegsveteranen, die von Minen verstümmelt wurden. Nachts explodieren die Tretminen der Erinnerung in seinen Alpträumen. Am Tag spielt er auf einer Flöte und hofft auf ein paar Riel. Gut 20 Meter über ihm ist das sanfte Lächeln der Khmer auf den vier Gesichtern eines Riesenhaupts zu Stein geworden, undurchschaubar wie der Urwald, der es jahrhundertelang überwucherte, und rätselhaft wie das einer Sphinx. Bis heute werden im Wandel wissenschaftlicher Konjunkturen wechselnde Vermutungen darüber angestellt, wen es zeigt: den hinduistischen Schöpfergott Brahma, den Bodhisatva Lokesvara, der von Buddhisten als Herr der Welt und Herr des unbegrenzten Mitgefühls verehrt wird, oder den König der Könige, Jayavarman VII., der all dies erbauen ließ?

Fließendes Wasser ist keine Selbstverständlichkeit in Kambodscha. Vor allem die Landbewohner müssen ihr Wasser oft weit tragen; hier bei Pursat (oben). – 980 Stufen führen zur Pagode Phnom Suntonk bei Kompong Thom (unten). – Das Südtor von Angkor Thom (rechte Seite).

Monumente des Lächelns

Im Bereich von Angkor Thom, der «Großen Stadt» Jayavarmans VII., begegnet einem dieses milde und doch herrschaftliche Antlitz überall wieder, auf jedem der fünf Stadttore und allein fast zweihundertmal im Bayon, dem auf äußerst komplexem Grundriß errichteten Haupttempel des Herrschers, der um die Wende

Banteay Chhmar mitten im Dschungel nördlich von Sisophon nahe der thailändischen Grenze ist einer der größten und beeindruckendsten Khmer-Tempel (oben). – Touristisch kaum besucht, aber ein wichtiges Heiligtum: der Buddha von Phnom Kulen (unten).

zum 13. Jahrhundert den Buddhismus zur Staatsreligion erhob. Der Zentralturm, der über dem künstlich aufgeschütteten Götterberg Meru aufragt und das höchste, die vier Himmelsrichtungen überblickende Haupt trägt, ist strahlenförmig von acht kleineren Türmen mit ebensolchen Gesichtern umgeben. Darum schließt sich eine erste, kreuzförmige Umfriedung mit Galerien und 24 viergesichtigen Türmen, die ihrerseits von einer fast quadratischen zweiten und dritten Umfriedung, ebenfalls mit Gesichtertürmen versehen, umgeben ist. Dieses Pantheon, in dem neben Buddha auch die alten Hindugötter eine Wohnstätte besaßen, steht exakt im Zentrum der quadratisch angelegten Stadt. Diese war von einer 12 Kilometer langen Mauer umschlossen und größer als jede zeitgenössische Stadt in Europa. Bis zu eine Million Menschen lebte hier, und außer dem Bayon und dem Palast des Königs mit seinen herrlichen, skulpturengeschmückten Ehrenterrassen enthält sie zahlreiche weitere Heiligtümer – jedes für sich ein beeindruckendes Zeugnis einer hochstehenden Kultur.

Was für eine Vorstellung, daß dies alles nach dem Niedergang des Khmer-Reiches im Urwald versank und erst Jahrhunderte später von europäischen Forschungsreisenden wiederentdeckt werden sollte! Wie gern malte man sich aus, wie Henri Mouhot oder die Archäologen der École française d'Extrême-Orient den ersten

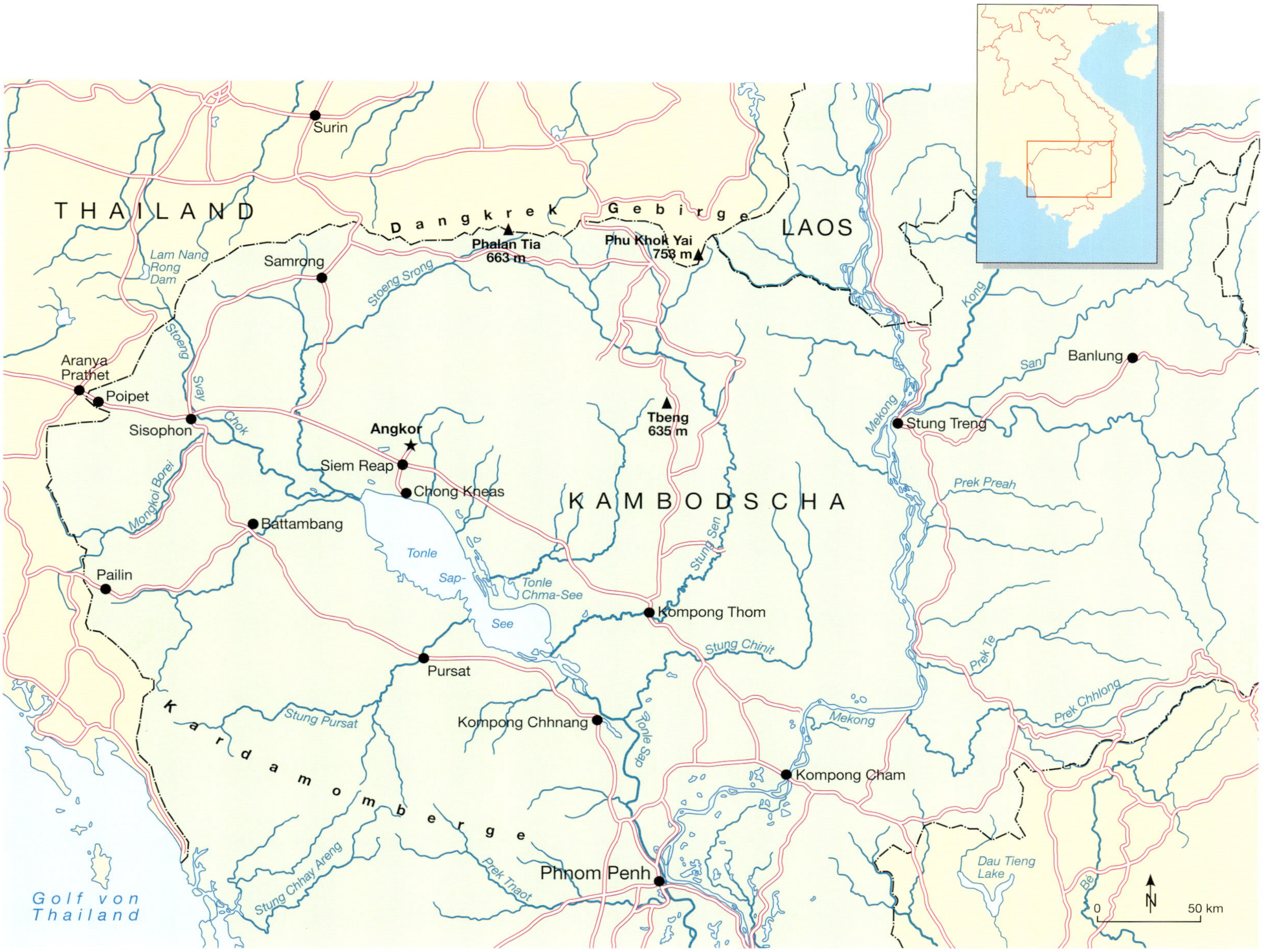

Streich mit dem Buschmesser führten und dann im fast undurchdringlichen Dschungeldickicht Tempel um Tempel freilegten – ein romantischer westlicher Mythos. André Malraux hat in dessen Geist 1930 einen packenden Roman über eine Reise ins Herz dieser Dschungeldüsternis geschrieben («Der Königsweg») und konnte den Versuchungen der Khmer-Kunst selbst nicht widerstehen. Er wurde beim Raub kostbarer Skulpturen erwischt und zu drei Jahren Gefängnis verurteilt, mußte die Strafe aber aus Rücksicht auf seine Berühmtheit nie absitzen. Später machte de Gaulle delikaterweise den Kunsträuber zum Kulturminister.

Bei den Khmer selbst war die gigantische Hauptstadt ihres früheren Großreichs niemals wirklich in Vergessenheit geraten (noch im 16. Jahrhundert wurden in Angkor Wat neue Reliefs angebracht), wohl aber die Technologie, die zu ihrer Vorherrschaft über weite Teile Südostasiens geführt hatte: Die ausgeklügelte und äußerst gewinnbringende Kunst, den Monsunregen für die Landwirtschaft zu nutzen.

In den kleinen Booten hat die ganze Familie samt Gepäck Platz. Viele sind heute mit Außenbordmotoren ausgestattet.

Geniale Beherrschung des Wassers

Zusammen mit den Schmelzwassern des tibetischen Hochlands, die sich alljährlich den Mekong herabwälzen, setzt der Monsun Jahr für Jahr weite Gebiete des Landes unter Wasser. Das natürliche Fluten der Felder wurde zwar schon vor den Khmer für den Naßreisanbau genutzt, doch während der langen Monate der Trockenzeit lagen die Felder brach. Die Khmer-Könige von Angkor, die sich um die gleiche Zeit, als Karl der Große das abendländische Kaisertum erneuerte, zum «Chacravartin» (Herr der Welt) krönen ließen, bauten als erste riesige Wasserreservoire, die vom

Angkor: Der Urwald erobert sein Terrain zurück. Riesige Wurzeln überwuchern die Mauern von Ta Prohm (oben und rechts). – Die gewaltige Elefantenterrasse diente als Zuschauertribüne bei Spielen und Zeremonien (rechte Seite oben). – Flachreliefs des Bayon-Tempels zeigen Alltagsszenen aus dem Kambodscha des 12. Jahrhunderts (rechte Seite unten).

Monsunregen gefüllt wurden. Der größte dieser Baray dehnt sich über 17 Quadratkilometer aus und faßt 40 Millionen Kubikmeter Wasser. Natürliches Gefälle nutzend, wurde das Wasser während der Trockenmonate durch ein Netz von Kanälen auf die Felder geleitet. Der Reisanbau konnte intensiviert werden und brachte vermutlich mehrere Ernten pro Jahr, was eine Vervielfachung der Bevölkerung und den Aufstieg Angkors zum Großreich nach sich zog. Heute ist nur noch der westliche, vor bald tausend Jahren erbaute Baray in Betrieb, die meisten Bewässerungsgräben sind verschlammt. Der beste Reis Kambodschas kommt seit langem aus der Provinz Battambang westlich von Angkor.

Unterdrückung und Ausbeutung

Bald nach dem Niedergang Angkors geriet Battambang unter den Einfluß der Thais. Bei der Errichtung des Protektorats traten ihnen die Franzosen diese Kornprovinz auch offiziell ab. Erst 1907 fiel sie an Kambodscha zurück. Französische Pflanzer begannen auf dem fruchtbaren Boden mit dem Anbau von Kaffee – und mit dem Raubbau an kostbaren Tropenhölzern in den riesigen Wäldern. Unter ihren Wurzeln entdeckte man die größten Edelsteinvorkommen der Region, vor allem Rubine und Saphire.

Als die Roten Khmer 1979 von der vietnamesischen Armee überrollt wurden, zogen sie sich in Dschungelverstecke dieser Grenzprovinz zurück, weil sie hier via Thailand ausgerechnet von den Amerikanern mit Lebensmitteln und anderen Hilfsleistun-

Fortsetzung Seite 135

Das Imperium der Gottkönige

Angkor Wat und Angkor

1

2

1 Der 200 Meter lange und 300 Meter breite, künstlich angelegte Sras-Srang-See nordöstlich von Angkor Wat diente den Königen für rituelle Waschungen. – 2 Die Struktur des Angkor Wat ist dem Berg Meru nachempfunden, dem Wohnsitz der Götter. Die fünf Türme symbolisieren die fünf Gipfel. – 3 Nicht ohne Kritik blieb die Entscheidung, Ta Prohm dem Urwald zu überlassen und nicht zu restaurieren. Doch vermittelt der zugewachsene Tempel so einen guten Eindruck davon, wie Henri Mouhot Angkor im Jahr 1860 vorfand. – 4 Die himmlischen Tänzerinnen, die Apsaras, sind auf vielen Reliefs in Angkor zu finden – hier auf der Terrasse des Leprakönigs.

Angkor Wat ist weltberühmt. Doch daß der Khmer-Tempel nur ein Teil einer gigantischen Anlage ist, wissen wenige. Mehr als siebzig große Tempel aus verschiedenen Perioden und mehr als tausend Heiligtümer liegen über ein Gebiet von der gut dreifachen Ausdehnung Manhattans verstreut. Allein in Ta Prohm, dem Kloster des Königs, waren über 12 000 Menschen untergebracht, für deren Versorgung sich in der Umgebung 80 000 Bauern auf den Reisfeldern abmühten. Und die von einer Mauer umgebene Stadt Angkor Thom mit dem Bayon-Tempel erstreckt sich über eine Fläche von 9 Quadratkilometern.

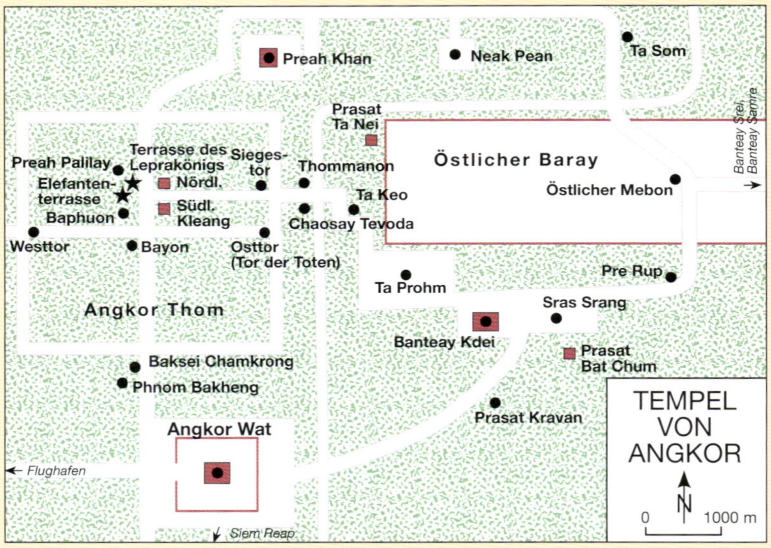

Angesichts dieser Dimensionen beeindruckt es umso mehr, daß allein Angkor Wat, «die Stadt, die ein Tempel ist», das größte religiöse Bauwerk der Erde ist. Nähert man sich ihm von Westen, wo – ungewöhnlich für die sonst nach Osten orientierten Khmer-Heiligtümer – das Haupttor liegt, dann thronen die berühmten fünf Türme, die bislang noch jede Nationalflagge Kambodschas zierten, über dem breit hinge-

4

3

lagerten Gebirge aus Galerien, Treppen und Gewölben. Die Westausrichtung könnte damit zu tun haben, daß der Erbauer, Suryavarman II., nicht Shiva, sondern Vishnu als höchste Gottheit verehrte und die gesamte Anlage als Grabmal und Ort seines Einswerdens mit dem Gott plante. Um in sein innerstes Heiligtum zu gelangen, muß symbolisch der gesamte Kosmos durchquert werden: Zunächst überschreitet man auf einer Brücke den gut 200 Meter breiten Graben, der das Urmeer darstellt, das die Welt umfließt. Durch das Portal betritt man die ummauerte Stadt. Über einen Damm, dessen Geländer siebenköpfige Naga-Schlangen säumen, die in Vishnus Ur-Ozean weilten, passiert man die flachen Kontinente und Meere der Welt und bewegt sich auf den in der Mitte der Gesamtanlage in Stufen ansteigenden Götterberg Meru zu. Die Seitenwände der untersten Galerie bedeckt das längste Flachrelief der Welt. Auf ihm wurden dem Volk bedeutende Episoden aus der eigenen Geschichte sowie aus den Hindu-Epen «Mahabharata» und «Ramayana» bildkräftig erzählt. Zum Innenhof auf der ersten Pyramidenstufe hatte das einfache Volk keinen Zutritt. Durch einen Kreuzgang stiegen der König und seine Priester in das Zentralmassiv des Tempelbergs hinauf. Ein Dutzend Treppen führt steil in die Höhe zu den Turmheiligtümern. An den Wänden und Galerien, die sie verbinden, schweben unzählige Apsaras, himmlische Tänzerinnen, die laut hinduistischer Kosmologie entstanden, als die Götter und Dämonen den urzeitlichen Milchsee kirnten, um das Elixier der Unsterblichkeit zu gewinnen. Im geometrischen Mittelpunkt ragt 65 Meter hoch der vierfach gestufte Zentralturm mit einer dreireihigen Lotoskrone auf. In seinem Innersten befand sich das Allerheiligste, das früher wohl ein Standbild Vishnus enthielt, heute aber eine von Pilgern verehrte Buddha-Statue birgt.

Weltkulturerbe: Angkor Wat.

Noch während der Angkor-Periode verbreitete sich der Buddhismus in Kambodscha. 90 Prozent der Bevölkerung gehören dieser Religion an, die im Leben der Menschen eine tragende Rolle spielt.

Bei religiösen Festen versammeln sich Hunderte von Mönchen und Nonnen im Areal von Angkor und zelebrieren ihre Rituale. Die Nonnen und Mönche sitzen bei den Festen in getrennten Bereichen.

Sprite
Crown

gen versorgt wurden. Die verbliebenen Kader der Roten Khmer richteten sich, gestützt auf die Einkünfte aus den lukrativen Bodenschätzen, die sich pro Jahr auf schätzungsweise 100 Millionen DM belaufen, unangreifbar in der Provinz Battambang ein und konnten auch von den UNTAC-Soldaten nicht entwaffnet werden. Im Jahr 1996 wurde Ieng Sary, ehemals Außenminister und «Bruder Nr. 4» in der Hierarchie des Angkar, nach einer Amnestie durch König Sihanouk zum Gouverneur der quasi autonomen Provinz ernannt. Seitdem gilt sie als eines der am effektivsten verwalteten Gebiete Kambodschas. *Battambang* ist wieder zur zweitgrößten Stadt des Landes geworden und wird von Touristen wegen seiner angenehmen Atmosphäre geschätzt.

In der Schule des Wat Phiphitaram in Battambang werden die Mönche in Pali, der Sprache des Buddhismus, unterrichtet (unten).

Auf dem Land – hier in Samrong im Nordwesten Kambodschas – werden Familienfeste mit viel Aufwand gefeiert, oft ist das ganze Dorf eingeladen. Geschenkt wird meist Geld (linke Seite).

Im Land der roten Erde

Mit einem friedlichen, fast idyllischen Kambodscha wird belohnt, wer es wagt, sich von einer in die Jahre gekommenen Antonov-Propellermaschine in die dünn bevölkerte Nordostprovinz Rattanakiri fliegen zu lassen. Schon beim Anflug auf die in den Regenwald gefräste Schneise einer staubigen Landepiste ist zu erkennen, daß man in ein Land der roten Erde kommt. Trifft man nach der Fahrt auf dem Moped-Taxi über die überraschend breiten, aber unbefestigten Straßen der schläfrigen Provinzhauptstadt *Banlung* in seinem «Guesthouse» oder der wunderschönen Lodge «Terre Rouge» ein, ist man bereits von oben bis unten mit dem pulverfeinen, gut haftenden Lateritstaub überpudert, den man für den Rest seines Aufenthalts nicht mehr los wird.

Rattanakiri ist dicht bewaldetes Hochland, Rückzugsgebiet seltener Dschungeltiere – und von Menschen, die überall in Südostasien sogenannten «hill tribes», Bergstämmen, zugerechnet werden. In Kambodscha faßt man sie unter der Bezeichnung «Khmer loeu» (Hochland-Khmer) zusammen, obwohl nur ein Teil ihrer mehr als zwanzig verschiedenen Stämme mit den Khmer verwandt ist, so daß das Staatsvolk hier in seinem eigenen Land eine Minorität darstellt. Bis zur Kolonialzeit gehörte die Provinz zu Laos, und eine Reihe von Bergstämmen ist ethnisch mit den Laoten verwandt, während wieder andere, wie die Jarai, zu den über ganz Indochina verstreuten Moi gehören. In Vietnam heißen sie auch Meo, in Südchina Miao und sollen tibeto-burmesische Ursprünge haben. In Kambodscha tauchen sie schon in den Annalen des Reichs von Funan auf und bezeichnen in ihrer eigenen, nur mündlich bewahrten Überlieferung die Erbauer von Angkor als Neuankömmlinge. Einstmals wegen ihrer Armbrüste und schwertartigen Haumesser gefürchtet – die Franzosen nann-

Ein Großteil der kambodschanischen Bevölkerung lebt von der Landwirtschaft. Die meisten Bauern können sich keine Maschinen leisten, und so werden Kühe und Wasserbüffel für die schweren Arbeiten eingesetzt (unten).

Wundertüte der Evolution

Die ausgedehnten Regenwaldgebiete in den Grenzprovinzen Kambodschas zählen zu den unberührtesten Wäldern Südostasiens, in denen Restbestände wilder Elefanten, Tiger und Nashörner leben. Zwar sind die Tiere viel zu scheu, als daß man ihnen auf einem Spaziergang begegnen könnte, doch zu hören sind sie immer: Auch am hellen Tag schrillt und kreischt es im Urwald unablässig. Besonders das Dreiländereck im Nordosten hat sich als Fundgrube für unbekannte Säugetierarten erwiesen. Neben Exemplaren des gefährdeten Irrawaddy-Delphins im Mekong und dem Kouprey-Wildrind entdeckte die Wissenschaft erst im vergangenen Jahrzehnt das Vu-Quang-Rind und den Riesen-Muntjak, eine stattliche, bis zu 50 Kilogramm schwere Hirschart. Nicht auszuschließen, daß hier in den nächsten Jahren weitere Seltenheiten gefunden werden.

ten sie ehrfürchtig «Coupe-coupe» –, drängte man das Volk nach und nach in unzugängliche Bergwälder ab und degradierte seine Angehörigen zu Wilden. Anfang des 19. Jahrhunderts wurden sie Europäern von den Mandarinen Annams als «sprechende Tiere mit Schwänzen» beschrieben. Obwohl sie matriarchalisch organisiert sind, praktizierten sie die grausame Tötung jedes erstgeborenen Kindes durch «jua», Zertreten. Mit diesem Erstlingsopfer sollte das Überleben der weiteren Kinder gesichert werden.

Bis heute lebt das Volk in autarken Dorfgemeinschaften als Halbnomaden, die Trockenreis und Süßkartoffeln in brandgerodete Urwaldlichtungen pflanzen. Missionierungsversuchen haben sich die meisten standhaft widersetzt und pflegen noch immer

ihre animistische Ahnenreligion. Auf hohen Bambusstützen angebrachte Wohnungen für die Geister der Ahnen sieht man fast in jedem ihrer stets sauber gefegten Dörfer ebenso wie Opferplätze, wo Büffel oder andere Tiere geschlachtet werden. Die Eindrücke, die man auf einer Reise von Dorf zu Dorf in dieser Gegend sammeln kann, gehören sicher zum Interessantesten und Beeindruckendsten, was man aus Kambodscha mitnimmt.

Die Wege zu diesen Dörfern sind westlichen Pauschaltouristen allerdings noch nicht gebahnt, und das gilt in weiterem Sinne ebenso wie im ganz wörtlichen. Schon die Nationalstraßen, die von Phnom Penh in die Region führen, befinden sich in einem solchen Zustand, daß kein Reiseführer die Anfahrt über

Manche Dörfer besitzen Dreschmaschinen, die zwar nicht neu sind, aber die Arbeit doch erleichtern (oben). – Matten zum Dachdecken aus Schilf flechten auch schon die Kinder (links).

Das Reisen in Kambodscha ist abenteuerlich. Bis auf die wenigen Hauptverkehrsadern sind die meisten Straßen in schlechtem Zustand. Auch manche Brücken sehen nicht gerade vertrauenerweckend aus; hier bei Kompong Thom (oben). – Ein starker Helfer: In der Forstwirtschaft sind Elefanten unentbehrlich (rechts).

Land auch nur erwägt. Viel zu zeit- und stoßdämpferraubend wäre ein solches Vorhaben. Allein die 150 Kilometer in die nächstgelegene Stadt *Stung Treng* am Mekong darf man getrost als Tagesetappe einplanen. Asphalt ist schon auf den an sich breiten Straßen der Provinzhauptstadt *Banlung* unbekannt. Gleich außerhalb des Zehntausendseelenstädtchens verwandeln sie sich in gewundene, Staub speiende Drachen, die sich durch verwilderte Plantagen und dichten Urwald schlängeln. Der Monsunregen hat tiefe Längsrillen hineingewaschen, die Motorradreifen wie heimtückische Schienen anziehen, dicke Wurzelstränge der Urwaldriesen wachsen quer über die schmale Piste. Die gesamte touristische Infrastruktur ist dem Improvisationstalent der lokalen

In Kambodscha werden die Häuser nach wie vor überwiegend aus Holz gebaut. Mit geschickten Konstruktionen wissen sich die Menschen zu helfen: Um die langen Stämme sägen zu können, bauen sie einfache Gerüste (unten).

«Guesthouse»-Betreiber zu verdanken. Zu mieten sind Kleinmotorräder, doch sie sind meist in bedenklichem Zustand, so daß man auf alle Fälle einen örtlichen Fahrer und Guide engagieren sollte, damit man im nicht unwahrscheinlichen Fall einer Panne nicht mutterseelenallein und ohne Orts- und Sprachkenntnisse im Urwald liegenbleibt. Den Höhepunkt an Reisekomfort stellt zur Zeit noch der privatisierte alte russische Jeep eines ehemaligen französischen UNTAC-Soldaten dar, der zugleich auch einer der ethnologisch versiertesten Führer in der ganzen Gegend ist. Natürlich werden die Unannehmlichkeiten eines solchen Ausflugs schon durch die spannende Begegnung mit den Halbnomaden der Bergstämme aufgewogen, doch hat die Region auch noch andere Vorzüge aufzuweisen. Ein unschätzbarer Vorteil besteht darin, daß sie niemals vermint worden ist und man die Landschaft folglich viel unbeschwerter und freier erkunden kann als in anderen Gegenden Kambodschas. Eine weitere Annehmlichkeit sind die vielen Möglichkeiten zum Baden in sauberem Wasser. Immer wieder stößt man im Urwald auf kleine Flüsse, die irgendwo über eine Felsplatte hinabstürzen und unterhalb des kleinen Wasserfalls natürliche Bassins ausgebildet haben, die sich wunderbar für ein kühlendes Bad eignen.

Der krönende Abschluß einer jeden schweißtreibenden und staubigen Expedition durch den Busch ist am Abend bei der Rückkehr nach Banlung ein Besuch des nur 4 Kilometer vor der Stadt liegenden Kratersees *Yak Lom*. Kreisrund, mit einem Durchmesser von vielleicht tausend Metern und von weit über das Wasser hängenden Bäumen umstanden, ist dieses alte Maar mit klarem, smaragdgrünem Wasser gefüllt. An zwei Stellen sind Badestege mit breiten Podesten angelegt, auf denen man nach einem erfrischenden Bad noch die letzten, rötlichen Strahlen der kambodschanischen Abendsonne genießen kann.

Bei Sisophon im Nordwesten Kambodschas.

Wohnen auf dem Wasser

Schwimmende Dörfer am Tonle Sap

1

2

1 Nach der Regenzeit beginnt die große Fischwanderung am Tonle Sap. Innerhalb von wenigen Tagen werden Tausende Tonnen Fisch geerntet. – 2 und 3 In der Trockenzeit liegen die Häuser auf ihren Stelzen hoch über dem Wasser. Doch wenn der große Regen kommt, reicht der Wasserspiegel fast bis zur Haustür. – 4 Die Fischer, die nicht genug Geld für ein Haus haben, machen ihre Boote zu Wohnungen. – 5 Ein schattiges Plätzchen bietet die überdachte Veranda von einem der Häuser am See.

Der Fahrpreis von Siem Reap nach Chong Kneas kann sehr unterschiedlich sein, denn je nach Jahreszeit liegt das Dorf 12 oder fast 20 Kilometer von der Stadt entfernt. Man macht dort Bekanntschaft mit einer Lebensweise, die höchst eigentümlich ist für die Bewohner von Kambodschas Lebensnerv, dem «Großen See» Tonle Sap. Der Fahrtweg entlang unzähliger, Kanäle bildender Wasseradern endet in einer wirren Ansammlung von Hausbooten und Hütten, auf Flößen treibenden Schweinekoben und Gemüsebeeten auf Pontons. Männer waten mit kleinen Netzen durch das trübe Wasser, denn selbst hier, in der Menschensiedlung an seinem nördlichsten Rand, wimmelt der Tonle Sap nur so von Fischen.

3

4

5

Pausenlos schieben sich Boote in frei werdende Lücken am Ufer. Körbeweise landen silberglitzernde Fischleiber auf dem bereitstehenden Lastwagen. Die eigentlichen schwimmenden Dörfer aber liegen am Rand der offenen Seefläche, die uferlos wie ein Meer scheint. Tatsächlich war der Tonle Sap in Urzeiten ein Meeresarm, der allmählich durch das Schwemm-Material verlandete, das der Mekong mit sich führt. Womöglich verdankt der See diesem Umstand seine etwa 1300 Fischarten. Die schiere Masse an Fisch – die zehnfache Fangmenge der Nordsee – hingegen resultiert aus den einzigartigen Laichbedingungen, die der See bietet. Wenn der Mekong im Frühjahr durch die Schneeschmelze und den Monsunregen anschwillt, drängt das Wasser auch in den Abfluß des Tonle Sap, der dann im Juni seine Fließrichtung ändert, so daß die Wassermassen in das Tiefland um den See strömen. Der «Große See» bedeckt schließlich das Acht- bis Zehnfache seiner ursprünglichen Fläche. Ein Dorado für Fische, die reichlich Nahrung finden. Pro Quadratkilometer Wasserfläche wimmeln in ihm dreißigmal so viele Fische wie im Nordatlantik. Von diesem natürlichen Reichtum lebt Kambodscha: Gut drei Viertel des Proteinbedarfs werden durch Fisch aus dem Großen See gedeckt. Und von ihm leben auch unzählige Familien, die in ihren schwimmenden Dörfern stets dem Wasserstand des Sees folgen. Geht er am Ende der Regenzeit zurück, verlassen sie die Pfahlhütten oder machen ihre Hausboote los. Zusammen mit ihren schwimmenden Gärten werden sie ins Schlepptau eines kleinen Außenborders genommen und gehen samt ihrer Dorfschule, ihrem Laden und der Polizeistation auf die Reise zu neuen Liegeplätzen.

Planen, Reisen, Genießen

Größe/Lage/Naturraum

Laos, mit 236 800 Quadratkilometern etwa so groß wie Großbritannien, ist das einzige Binnenland in Südostasien. Die Nachbarstaaten sind China, Myanmar, Thailand, Vietnam und Kambodscha. Der längste Fluß des Landes ist der Mekong (etwa 1865 Kilometer), der höchste Berg der Phu Bia mit 2820 Metern.

Für die meisten Laoten und Kambodschaner sind Kinder die einzige Altersabsicherung.

Kambodscha hat eine Fläche von 181 035 Quadratkilometern (etwa die halbe Größe der Bundesrepublik Deutschland) und grenzt an Thailand, Vietnam und Laos. Das weithin flache Land wird zur Monsunzeit zu einem Drittel überflutet. Der Tonle-Sap-See und der Mekong sind die größten Gewässer.

Flora und Fauna

Rund 40 Prozent von Laos sind bewaldet mit Teakbäumen, Asiatischem Rosenholz und Bambus, im Norden mit Eichen und Kiefern, in sehr feuchten Regionen noch mit tropischem Regenwald. Leider sind die Wälder durch Brandrodung und illegale Abholzung stark gefährdet. In der laotischen Tierwelt tummeln sich noch wenige Wildkatzen, Bären, Affen, Gibbons, Büffel und Kleinwild. Elefanten sind größtenteils domestiziert und werden in Forstwirtschaft und Tourismus eingesetzt. Im südlaotischen Mekong leben die seltenen Irrawaddy-Süßwasserdelphine, in Nordlaos der bis zu 350 Kilo schwere Wels «plabuk».

Wenig Komfort, aber romantische Ausblicke auf den Nam Ou bieten die Gästehäuser in Nong Khiaw.

Kambodscha soll offiziellen Schätzungen zufolge noch zu 16 bis 35 Prozent mit Edelholzwäldern und tropischem Regenwald bestanden sein, allerdings ist auch hier der Ausverkauf durch illegalen Kahlschlag in vollem Gang. An der Küste wachsen die ökologisch wichtigen Mangrovenwälder.

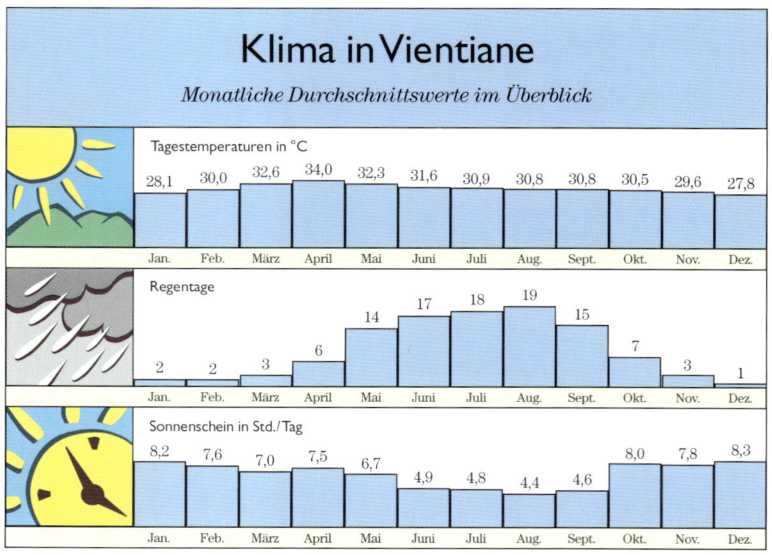

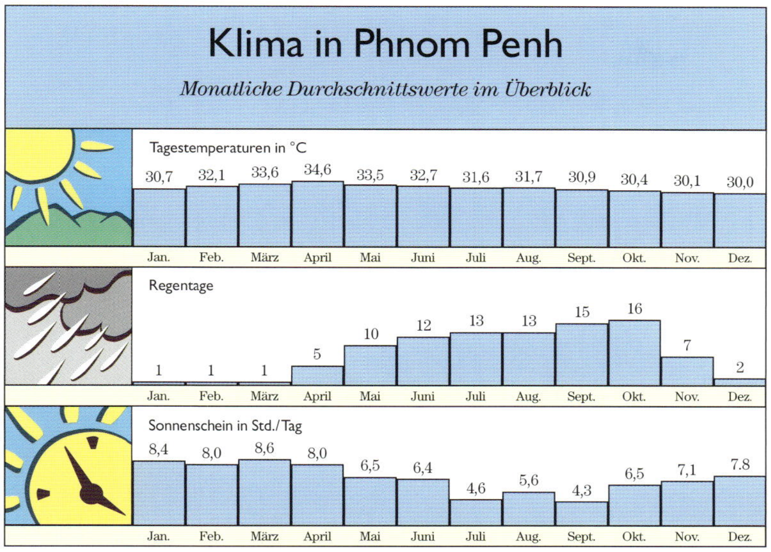

Wahrzeichen Kambodschas ist die Zuckerpalme, eine Fiederpalmenart mit 10 bis 15 Meter hohen Stämmen und langen Blättern.

Tropische Schönheit: Euphorbia pulcherrima.

Zur Fauna gehören Bären, Bergziegen, Braunhirsche, Affen, Warane, Krokodile, Tiger, Leoparden, asiatische Nashörner und wilde Elefanten. Im jahrelang isolierten Kambodscha und Laos stoßen Forscher immer wieder auf ausgestorben geglaubte Tiere, wie das Kouprey-Wildrind («ko prey»), oder sogar neue Spezies. Pelikane, Reiher und Kormorane finden im Tonle Sap-See so viele Fische wie sonst nirgends auf der Welt.

Bevölkerung

In Laos leben rund 5,4 Millionen Menschen in drei großen ethnischen Gruppen: Lao-Lum (Tiefländer, die Hälfte der Bevölkerung), Lao-Theung (die in mittleren Höhen leben, ein Viertel) und Lao-Soung (Bergvölker, 15 Prozent). Etwa 60 Prozent sind Buddhisten, viele Bergstämme praktizieren Animismus und Ahnenkult.

Sicherer Schutz vor der sengenden Sonne.

Kambodschas Bevölkerung besteht aus fast 12 Millionen Menschen, vorwiegend Khmer (90 Prozent), außerdem Chinesen, Vietnamesen und Cham sowie Bergstämme (Khmer Loeu). 88,5 Prozent glauben an Buddha, weit verbreitet sind Animismus, Brahmanismus und Ahnenkult.

Sprache

Die Tiefland-Laoten sprechen das offizielle Lao, eine einsilbige, tonale Sprache, die dem Thailändischen sehr ähnelt. Die Kambodschaner sprechen Khmer, das mit Ausdrücken aus dem Pali und Sanskrit sowie Thai und Französisch durchsetzt ist. Französisch ist in beiden Ländern unter den Älteren verbreitet, Englisch zunehmend unter den Jüngeren, in Laos außerdem Deutsch und Russisch.

Geborgen im Tragetuch der Mutter.

Wirtschaft

Beide Länder gehören zu den ärmsten der Welt (jährliches Pro-Kopf-Einkommen in Laos: rund 400 US-Dollar, in Kambodscha: rund 300 US-Dollar). Etwa 80 Prozent der Laoten und Khmer leben von der Landwirtschaft (vor allem Reis, außerdem Baumwolle, Kaffee, Mais und Tabak). Laos orientiert sich seit 1985 mit wirtschaftlichen Reformen von der Plan- zur Marktwirtschaft. Dies soll vor allem der Ausbeutung der zahlreichen Boden- und Naturschätze dienen: Wasserkraft, Holz, Zinn, Gold und Öl. Kambodschas wichtigste Wirtschaftszweige sind Kautschuk, Fischwirtschaft, Textil- und Holzindustrie, Edelsteine, Gold, Erdöl und Kohle.

Klima/Reisezeit

In beiden Ländern herrscht tropisches Monsunklima. Die Regenzeit mit kurzen, aber heftigen Regengüssen ist im Mai/Juni und im

Traditionelle Trachten mischen sich mit moderner westlicher Kleidung.

Der fliegende Händler in Sihanoukville hat fast alles dabei, was das Kinderherz begehrt.

Oktober. Während dieser Zeit sind die Straßen häufig überschwemmt. Beste Reisezeit ist die kühlere Trockenzeit von November/Dezember bis Februar/März mit Temperaturen um 28 Grad Celsius, im laotischen Mekong-Tal kann es bis auf 15 Grad Celsius, in den Bergen bis auf 0 Grad abkühlen. Heißester Monat ist der April mit bis zu 38 Grad Celsius.
Als Kleidung sind leichte Baumwoll- und Leinenstoffe angebracht. Für Tempelbesuche sollte man lange Hosen oder lange Röcke mitbringen, für die Berge einen Pullover und Socken, ein Regencape, Sonnenhut, bequeme Sportschuhe oder strapazierfähige Sandalen.

Zeit

Der Zeitunterschied von beiden Ländern zu Deutschland beträgt im Winter plus sechs Stunden, in der europäischen Sommerzeit plus fünf Stunden.

Anreise

Laos: Es gibt keine direkte Flugverbindung von Europa. Vientiane hat einen internationalen Flughafen, der von mehreren asiatischen Städten angeflogen wird.
Über Land einreisen kann man an folgenden Grenzübergängen: Botene (China), Lao Bao (Vietnam), von Thailand: über die Routen Chiang Khong/Houai Sai, Nong Khai/Vientiane, Chongmek/Pakse, Nakhon Phanom/Tha Khaek und Mukdahan/Savannakhet.

Goldschmuck ist sehr populär.

Kambodscha: Es gibt keine Direktflüge von Europa. Siem Reap wird u.a. von Phnom Penh, Bangkok, Phuket, Vientiane, Singapur und Saigon angeflogen. Die internationale Ausreise-Steuer am Flughafen in Phnom Penh beträgt 20 US-Dollar.
Anreise über Land von Thailand: Aranyaprathet/Poi Pet (sehr schlechte Straße) und Dong Tong/Hat Lek (Koh Kong); von Vietnam: Bavet/Moc Bai.

Auskunft

Indochina Services, Enzianstraße 4a, 82319 Starnberg, Tel.: 081 51/77 02 22, Fax: 081 51/77 02 29, E-mail: info@is-eu.com, Website: www.indochina-services.com (aktuelle Infos zu Flügen, Grenzübergängen, Visa, Hotels usw.).
Botschaften in Laos: Deutsche Botschaft, Thanon Sokpaluang, Vientiane, Tel. 021/31 21 10, 31 21 11, Fax 021/21 43 22.
Schweizer Botschaft (nur in Thailand): 35, North Wireless Road 10330 Bangkok, Tel. 0066/02/253 01 56, 253 81 60
Botschaften in Kambodscha: Deutsche Botschaft, Rue Yougoslavie 76–78 (ehemals «Straße 214»), Phnom Penh, Tel. 023/21 61 93, 21 63 81, Fax 023/42 77 46.
Schweizer Botschaft, Straße 240, 65, Phnom Penh, Tel. 023/21 91 51, Fax 023/21 91 50.
Österreichische Botschaft für beide Länder: Bangkok, Soi Nanda 17, Southern Tai Road, Tel. 0066/02/287 39 70.

Eintrittspreise/ Öffnungszeiten

Berühmte Tempel, Museen und Paläste sowie Gedenkstätten kosten in Kambodscha 2–3 US-Dollar

Luang Prabang: das «Say Nam Khang» von 1935, (oben), Wat Xieng Thong (rechts), Wat Mahathat (ganz rechts).

Luang Prabang: Wat Xieng Mouan.

Eintritt (montags geschlossen). Angkor (täglich): ein Tag 20 US-Dollar, für drei Tage 40 US-Dollar, eine Woche 60 US-Dollar. Museen in Laos sind werktags geöffnet, die meisten Läden öffnen in beiden Ländern täglich (etwa 8–18 Uhr).

Die Königsstadt

Der schönste Spaziergang durch Luang Prabang

Diesen Spaziergang durch Luang Prabang beginnt man am besten ganz früh mit den 328 Stufen auf den Hügel Phu Si, denn bei Sonnenaufgang ist von dort oben aus das Panorama der Königsstadt am schönsten und friedlichsten. Etwas weiter oben ragt der 1804 erbaute That Chom Si mit seinem goldleuchtenden Stupa gen Himmel, allabendlich drängen sich die Touristen um dieses Kunstwerk, bis die Sonne hinter den Bergen am Mekong verschwindet.

Bei einem französischen Frühstück mit Milchkaffee und ofenwarmen Croissants in einem der Cafés und Bäckereien auf der Thanon Sakkarine/Phothisarath zeigt Luang Prabang auch architektonisch sein französisches Gesicht mit hübschen arkadenreichen Häusern und Villen. Unterdessen kehren die Mönche von ihrem Bettelgang in die Klöster zurück, wo sie bis etwa 12 Uhr ihre letzte Mahlzeit aus den Spendergaben einnehmen – kurz vorher sollte man sie nicht mit einem Besuch stören. Der frühere Königspalast am Fuß des Phu Si wurde 1904 für König Sisavang Vong errichtet und diente bis 1975 als königliche Residenz, heute als Nationalmuseum. Hier ist der hochverehrte Phra-Bang-Buddha zu sehen, außerdem gibt es antike Buddha-Statuen, Staatsgeschenke aus aller Welt, chinesische Schriften, Schwerter, Ramayana-Tanzmasken und den Thron

zu besichtigen. Ein Abstecher in die große Markthalle an der Thanon Kitsarath bietet sich an, bevor die Tempeltour beginnt. Der Wat That beeindruckt mit einer imposanten, mit Nagas geschmückten Eingangs-

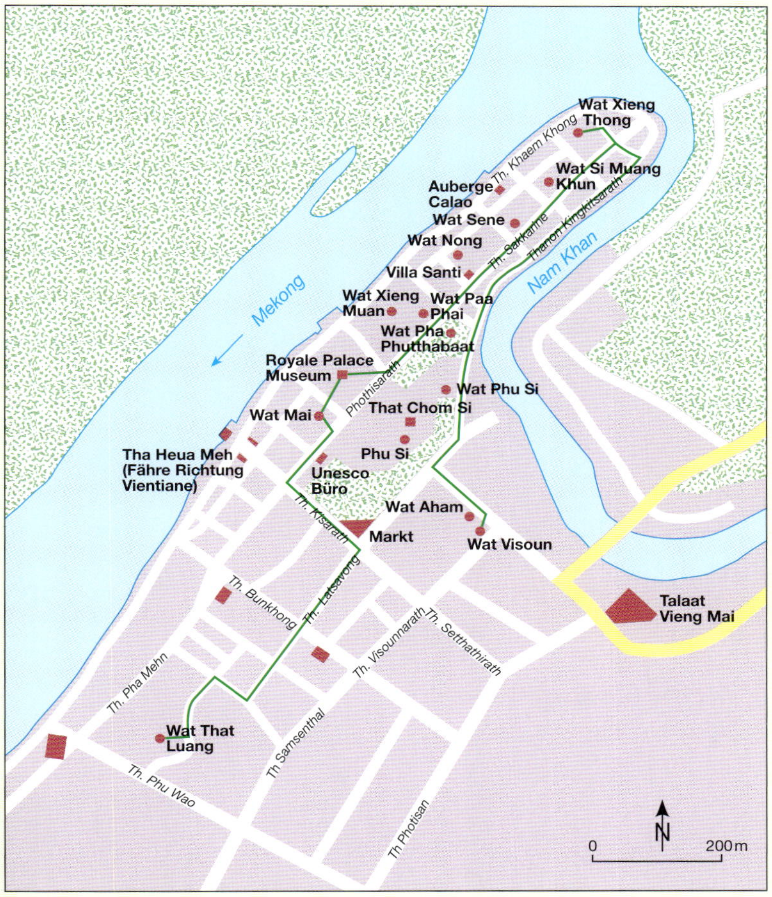

treppe an der Thanon Phothisarath und mit den wunderschönen Darstellungen von Szenen aus der Legende von König Sisouthone und Nang Manola an den Fenstern und Türen. Mit goldenen Stuckarbeiten und feinen Holzschnitzereien reich verziert, präsentiert sich auch der Wat Mai mit seinem gewaltigen, gleich fünffachen Tempeldach. Als Höhepunkt des Spaziergangs erhebt sich am nordöstlichen Ende der Thanon Sakkarine über dem Mekong der Wat Xieng Thong. Als König Setthathirath den Tem-

pel 1560 erbauen ließ, schuf er ein Kleinod der klassischen laotischen Tempelbaukunst. Am Nam Khan entlang Richtung Süden lockt der Wat Visoun an der Thanon Visounnarath. Auffällig ist der 1514 erbaute Stupa des That Makmo mit seiner indisch anmutenden Kuppel.

Elektrizität

Die Stromspannung in beiden Ländern beträgt 220 Volt, wegen Stromausfällen ist eine Taschenlampe empfehlenswert.

Ritt zwischen den Schlaglöchern (oben). Schnellboot zwischen Phnom Penh und Siem Reap (großes Bild).

Fortbewegung im Land

Laos:

Inlandflüge: Die Lao Aviation hat ein ausgedehntes Flugnetz; wegen wiederholter Abstürze warnte das Auswärtige Amt im Jahr 2000 jedoch vor Inlandflügen.

Bus: Zwischen den Städten verkehren regelmäßig klimatisierte Minibusse, einfache und billigere Reisebusse und umgebaute Laster. Viele Straßen sind zwischen Juni bis September teils unpassierbar, weil sie überschwemmt sind. In der Trockenzeit sind die oft ungepflasterten Verkehrswege an vielen Stellen sehr staubig.

Mietauto: Private Taxis kann man in den Großstädten mieten (Tag: 25–40 US-Dollar), in Vientiane werden Motorräder und Mofas verliehen.

Auch die Kleinsten helfen schon bei der Arbeit mit; hier am Nam Song bei Vang Vieng.

Boot: Die Speed-Boote auf dem Mekong sind zwar laut und nicht ungefährlich (wegen einiger Unfälle besteht Helmpflicht), doch sie sind sehr schnell. Der Fahrplan ist abhängig vom Wasserstand. Unregelmäßig verkehren langsamere und billigere Passagierschiffe.

Für Touristen werden einige Bootstouren angeboten: Die «Pak Ou», die «Luang Say» und die «Luang Prabang» fahren im Norden auf einer zweitägigen Bootsfahrt zwischen Houai Sai und Luang Prabang (warm anziehen!). Die «Vat Phou» fährt im Süden ab Pakse flußabwärts (Übernachtung in zwölf hübschen Kabinen mit Dusche, Toilette und Klimaanlage). Buchung unter anderem bei dem Indochina-Spezialisten Geoplan Touristic (Tel. 030/795 40 21, Fax 030/795 40 25).

Kambodscha:

Inlandflüge: Flüge innerhalb Kambodschas starten mehrmals täglich zwischen Phnom Penh und Siem Reap, in andere Provinzstädte nicht immer täglich.

Rundflüge über Angkor: Helicopters Cambodia bietet Flüge über Angkor ab 68 US-Dollar (Tel. in Phnom Penh 016/81 42 54, in Siem

Eine Eisenbrücke führt über den Kampot-Fluß bei der gleichnamigen Stadt.

Reap: 016/83 95 65, E-mail: Helicopter.cam.s@bigpond.com.kh).
Bus und Sammeltaxis: Teils bequeme und klimatisierte Reisebusse und Minibusse fahren ab Phnom Penh täglich in alle Richtungen. Für grenzüberschreitende Fahrten nach Vietnam oder Thailand gibt es Touristenbusse und Sammeltaxis. Letztere sind preisgünstige, oft überfüllte Privattaxis, in denen 100 Kilometer etwa 5–8 US-Dollar pro (manchmal halben) Sitz kosten.

Viele Mönche sind tolerant, doch sollten Frauen in ihrer Gegenwart lieber die Schultern bedecken.

Mietauto: Mietwagen mit Fahrer (pro Tag 20–40 US-Dollar, je nach Ziel und Straßenzustand) und Motorräder.
Expreßboote: Nach Siem Reap verkehren täglich 2-4 Expreßboote auf dem Tonle Sap (5 Stunden) und billigere öffentliche Fähren. Die Mekong-Expreßboote sind bequem (klimatisiert), billig und mittlerweile auch sicher.
Eisenbahn: Die einfachen, langsamen Züge verkehren nur von Phnom Penh nach Süden (Sihanoukville) und nach Nordwesten (Battambang). Sie sind sehr billig, haben aber unregelmäßige Abfahrtszeiten; außerdem muß man sich vor Dieben in acht nehmen.

Fotografieren

Diafilme und Batterien sollten ausreichend mitgenommen werden, andere Filme werden überall verkauft (auf das Verfallsdatum achten!). Zurückhaltung ist bei Militäreinrichtungen und Soldaten geboten, vor allem in Kambodscha. Vor dem Fotografieren sollte man höflich um Erlaubnis bitten, besonders bei Mönchen, Bergstämmen und religiösen Zeremonien.

Gesundheitsvorsorge

Für beide Länder ratsam sind (Auffrisch-) Impfungen gegen Polio, Tetanus, Typhus, Hepatitis A und B sowie Tollwut. Man sollte sich unbedingt frühzeitig bei den Tropeninstituten beraten lassen (Kambodscha gilt bis auf Phnom Penh als Malariagebiet, vor allem in

1

2

Grenzregionen). Allerdings sind die Vorsorge-Tabletten wegen ihrer stetig nachlassenden Wirkung in Indochina umstritten. Außerdem schützen ab der Dämmerung bis zum Morgen gegen Mückenstiche: langärmlige, helle Kleidung, Schutzlotion, Rauchspiralen und ein Moskitonetz. Gegen meist harmlose Darminfektionen hilft der Verzicht auf Eiswürfel (unbedenklich in zylindrischer Form), Speiseeis, ungeschältes Obst, Salate und rohes Gemüse und (nicht abgekochtes) Leitungswasser. Der medizinische Standard und die Ausstattung der Apotheken

3

und Krankenhäuser in Laos und Kambodscha sind schlecht (außer in internationalen SOS-Kliniken in den Hauptstädten). Eine gut bestückte Reiseapotheke ist daher wichtig, sie sollte auch sterile Einwegspritzen enthalten. Im Fall einer ernsthaften Erkrankung und notwendigen Operation sollte man schnellstmöglich nach Bangkok oder Singapur fliegen. Eine Auslands-Krankenversicherung (mit Rücktransport) sollte auf jeden Fall abgeschlossen werden.

4

Sicherheit

Laos gilt mittlerweile als sicher, bis auf wenige Regionen, in denen die kommunistische Regierung Rebellen vermutet (zuletzt: Xieng Khouang). Leider gab es in Vientia-

5

1 Fun Park in Phnom Penh. – 2 und 5 Das Hotel «Le Royal» in Phnom Penh hat neben einem Schwimmbad auch einen Fitneßraum. Alles wird von hervorragenden Köchen frisch zubereitet. – 3 Das «Sofitel» in Siem Reap ist das beste Hotel in ganz Kambodscha. – 4 Beliebter Treff am Mekong in Vientiane. – 6 Gemütliche Atmosphäre und freundliche Bedienung: im «L'Elephant» in Luang Prabang.

6

ne bis Anfang 2001 immer wieder Bombenanschläge.

Auch in Kambodscha gelten die meisten Landstraßen und der Mekong nordwärts als sicher, man sollte jedoch vor Ort Erkundigungen über die aktuelle Situation einholen. Das Speed-Boot über den Tonle-Sap-See war wiederholt Ziel von Banditen (zuletzt im März 2000), es ist oft überfüllt und strandet gelegentlich auf Sandbänken (im April 2000 ertrank dabei ein Tourist).

Die politische Situation ist noch instabil, versuchte Staatsstreiche oder Schießereien kommen in Kambodscha noch häufig vor. Demonstrationen und politische Veranstaltungen sollte man in beiden Ländern unbedingt meiden! Auskünfte erteilt das Auswärtige Amt, Referat 040, 11013 Berlin, Tel. 01888/170, Fax 01888/173402.

Telefonieren

Die internationale Vorwahl für Laos ist 00856, für Kambodscha 00855. Am unproblematischsten ist das Telefonieren aus den Hotels, billiger ist es meist aus den Hauptpostämtern. In Laos kann man internationale Gespräche aus Telefonzellen mit Telefonkarten führen, in Kambodscha bisher nur in Phnom Penh und Siem Reap, in anderen Städten über private Telekommunikations-Shops.

Trinkgeld

Trinkgelder sind bei Reiseleitern, Kellnern und Zimmerpersonal beliebt. Behinderten Bettlern (oft Minenopfer) vor Tempeln und Ruinenstätten kann man durchaus Geld geben, Kindern besser nicht, da sie sonst nicht mehr zur Schule gehen. Beim Tempelbesuch oder nach Zeremonien ist ein kleine Spende in dafür vorgesehene Behälter selbstverständlich.

Unterkunft

In den touristischen Zentren beider Länder gibt es preisgünstige, einfache Gästehäuser und kleine Hotels (oft in Holzbauten, 6–20 US-Dollar), Mittelklassehotels (20–60 US-Dollar) und Luxushotels (60–200 US-Dollar). Auch in den Provinzstädten finden sich meist ein oder zwei moderne Hotels mit gutem Standard für 10–30 US-Dollar.

Verborgene Schätze

Fünf Routen durch Laos und Kambodscha

1. Laos: Auf dem Mekong nach Süden

In Pakse startet die luxuriös umgebaute Reisbarke «Vat Phou» stromabwärts zum gleichnamigen Tempel. Die Steinmetzarbeiten aus dem Hindu-Götter-Pantheon sind auch nach mehr als tausend Jahren noch in fabelhaftem Zustand und veranschaulichen die erotisch geprägte Hindu-Mythologie: So thront der Phallus Shivas als Zeichen seiner Energie in Felsform auf dem Berg Lingaparvata, und sein archäologisches Gegenstück, ein uralter «Yoni»-Stein, liegt im «Vagina»-Dorf Muang Tomo am anderen Mekong-Ufer. Wer Glück hat, stößt im Ort Phapho – bekannt für seine Elefantenschule – auf Reitelefanten. Höhepunkt der dreitägigen Route sind die mit 14 Kilometern weltweit breitesten Wasserfälle Khong Phapheng an der Grenze zu Kambodscha.

In vielen Tempeln bewachen Naga-Figuren den Eingang; hier am Wat In Peng in Vientiane.

2. Laos: Dschungel und Königsstadt

Von Vientiane führt eine abenteuerliche Auto-und Bootsfahrt in die einsame Dschungelwildnis des «Lao Pako»-Resort (Fax 021/21 29 81) am Fluß Nam Ngum. Die Route verläuft weiter über den Nam-Ngum-Stausee nach Norden durch die phantastische Kalksteinkulisse bei Vang Vieng. In Luang Prabang kann man mühelos zwei Tage zwischen Klöstern und Märkten vertrödeln. Am Ende der Reise nähert man sich mit dem Touristenboot «Pak Ou» auf dem Mekong den Höhlen von Pak Ou, Wallfahrtsort und Touristenattraktion.

3. Kambodscha: Auf der Spur der Khmer-Könige

Die sagenhafte Ruinenstadt Angkor zieht den Besucher mindestens drei Tage in ihren Bann. Der fast außerirdisch wirkende Tempelgigant Angkor Wat, die Stadt Angkor Thom mit ihren Gesichtertürmen des Bayon, die verwunschene Ta-Prohm-Ruine im Würgegriff der Urwaldriesen und die bezaubernden Reliefs von Banteay Srei gehören zum Standardprogramm. Für das vollständige Bild sollte man den Phnom Kulen aufsuchen, auf dem König Jayavarman II. vor 1200 Jahren das Angkor-Reich gründete. Mit dem Boot geht es über den schier endlosen Tonle-

Gute Laune trotz des Regens am Nam Ou.

Sap-See entlang der Hausboot-Siedlungen nach Phnom Penh. Wer die sicherere, aber wegen vieler Schlaglöcher unbequeme Straße Nr. 6 bevorzugt, kann nahe Kompong Thom den frühen Khmer-Tempel Sambor Prei Kuk besichtigen und über eine fast tausend Jahre alte Brücke rumpeln.

Der Wat Pha Baat Phosan bei Paksan.

4. Kambodscha: Ans Meer im Süden

Für diese Route sollte man fünf bis sechs Tage einplanen, denn gleich auf dem Weg von Phnom Penh zur Küste bieten sich einige Besuche jahrhundertealter Khmer-Tempel an: Ta Prohm bei Tonle Bati etwa 30 Kilometer südlich der Hauptstadt und der Tempelberg Phnom Da, den man am besten mit einem Schnellboot von Takeo aus erreicht. Vom Küstenort Kampot sollte man früh zum Bokor-Hochplateau in den Elefantenbergen aufbrechen, denn morgens ist die Sicht noch nicht wolkenverhüllt. Der verschlafene Badeort Sihanoukville erwacht am Wochenende zum Le-

Einst ein Kloster: Ta Phrom in Angkor.

Denkmal am Wat Phnom.

ben: Hier tummeln sich Einheimische an den Stränden. Über die Schmuggler-Insel Koh Kong erreicht man innerhalb von einem Tag die Grenze nach Thailand.

5. Kambodscha: Auf dem Mekong nach Norden und Osten
Mit Fährbooten gelangt der Mekong-Reisende in eine Welt voller märchenhafter Eindrücke: versunkene Wälder in einem Labyrinth aus Flußarmen und -inseln. Die Städtchen Kompong Cham, Kratie und Stung Treng bezaubern durch ihr französisch angehauchtes Provinz-Flair. Der Reiz dieser siebentägigen Route liegt im Sichtreiben-lassen auf Booten und Märkten, in Bekanntschaften mit Kapitänen und Fischern und im Erklimmen verschlafener Tempelhügel, zum Beispiel des Phnom Proh bei Kompong Cham. Nahe Kratie tummeln sich einige der letzten Irrawaddy-Süßwasserdelphine. Bleibt zu hoffen, daß das hier geplante riesige Wasserkraftwerk nicht gebaut wird. Mit der «Royal Phnom Penh Airways»

An der Elefantenterrasse in Angkor Thom.

geht es über ursprüngliche Bergwälder nach Rattanakiri: Zu erleben sind hier seltene Wildtiere, uralte Stammesrituale und ein Stück des Ho-Chi-Minh-Pfads, auf dem heute Holz geschmuggelt wird.

Verhalten

Beide Länder sind stark buddhistisch geprägt, was nicht nur bei Tempel- und Palastbesuchen beachtet werden muß: Die Kleidung sollte immer gepflegt und nicht freizügig sein, in Tempeln unter keinen Umständen Miniröcke oder Shorts und Trägerhemden (das gilt für Männer und Frauen)! Schuhe werden vor dem Eintritt ins Heiligtum oder in Privathäuser ausgezogen. Mönche dürfen von Frauen nicht berührt werden, die Füße dürfen nicht auf Buddha-Statuen zeigen. Auf keinen Fall sollte man an oder auf den Statuen posieren. Beim Sonnenbaden gilt grundsätzlich: niemals oben ohne oder FKK.

Visum

Laos

Aufgrund der wiederholten Änderungen der Einreisepolitik in jüngster Zeit (zuletzt im März 2001) empfiehlt sich die rechtzeitige Anfrage bei folgenden Stellen: Indochina Services (s.o.), Botschaft der Demokratischen Republik Laos, Bismarckallee 2 a, 14193 Berlin, Tel./Fax 030/89 06 56 03.

Kambodscha

Das vierwöchige Visa-upon-arrival wird gegen 20 US-Dollar und Paßbild bei Einreise auf den Flughäfen in Phnom Penh und Siem Reap erteilt sowie an den Landesgrenzen in Poi Pet, über Dong Tong (Koh Kong) und Bavet. Bei Einreise auf dem Land-/Wasserweg muß ein Visum beantragt werden: Botschaft des Königreiches Kambodscha: Benjamin Vogeldorfstr. 2, 13187 Berlin, Tel. 030/48 63 79 01, Fax 030/48 63 79 73.

Kinder tummeln sich bei der Hitze gern im kühlen Naß der Flüsse (oben). – Happy Hour mit Seeblick: das «Lakeside Guesthouse» in Phnom Penh (großes Bild). Posieren für den Fotografen: Wat Phu bei Champasak. Doch Vorsicht: Touristen sollten niemals auf Buddha-Statuen herumklettern (rechts).

Bei einem Rundgang durch Angkor findet sich hinter jeder Biegung ein Fotomotiv; hier der Bayon-Tempel (oben). – Frische Spinnen gefällig? Für die laotische Zunge eine wahre Köstlichkeit (ganz links). – Wasserbüffel sind gutmütige Vierbeiner (links).

Währung

Landeswährung in Laos ist der Kip, akzeptiert werden auch der thailändische Baht und US-Dollar (vor allem für größere Summen in Hotels, Restaurants und Reisebüros). In Kambodscha ist der Riel die offizielle Landeswährung, gängiges Zahlungsmittel ist jedoch der US-Dollar. Größere Hotels akzeptieren in beiden Ländern die gängigen Kreditkarten, nur die großen (internationalen) Banken und anerkannte Wechselstuben akzeptieren Reiseschecks (meist US-Dollar). In Kambodscha kann man Reiseschecks nur in größeren Städten eintauschen, dort oft sogar beim legalen Straßenwechsler. Es empfiehlt sich für die Reisekasse eine Mischung aus Dollars in bar (auch kleine Scheine) sowie Reiseschecks in US-Dollar und D-Mark.

Zoll

Der laotische Kip darf nicht ein- und ausgeführt werden. Zollfreie Einfuhr nach Laos gilt für: 1 Flasche Alkohol, 400 Zigaretten und Parfüm in angemessener Menge. Verboten in beiden Ländern ist die Ausfuhr von Antiquitäten, in Laos auch von Buddha-Figuren.

Menschen, Orte, Begriffe

Kursive Seitenzahlen verweisen auf Abbildungen, farbige Quadrate und fett gedruckte Seitenzahlen auf Specials, farbige Balken auf Spotlights.

Menschen

Wat Mahathat in Luang Prabang.

Auf dem Psah Thmay, dem Zentralmarkt von Phnom Phen.

Orte und Begriffe

Garantiert selbstgepflückt.

Im Hinterland von Tha Khaek wird Viehzucht und Ackerbau betrieben.

Der Tempel des Liegenden Buddhas auf dem Phnom Kulen in Angkor.

Auch Novizen gehen mit der Zeit.

Der Monsunregen kann kommen.

Am Rand des fruchtbaren Nam Song Tals erheben sich schroffe Kalksteinfelsen.

Bisher kaum vom Tourismus entdeckt ist Don Khong. Die kleine Insel im Mekong ist fast ein tropisches Paradies. Berühmt ist sie für ihre saftigen Kokosnüsse, außerdem gedeihen hier Bambus und Kapokbäume.

Text- und Bildnachweis und Impressum

Der Fotograf:
Martin Thomas studierte Fotodesign an der Fachhochschule Dortmund. Viele Ausstellungen im In- und Ausland. Er ist Bildautor zahlreicher Bände in renommierten Zeitschriften-, Reisebuch- und Bildbandverlagen. Er fotografiert mit CANON EOS 1 V sowie LEICA-M-Kameras und M-Objektiven.
Für die freundliche Unterstützung und Hilfe bei diesem Projekt dankt er folgenden Personen:
Kambodscha: Indochina Services Phnom Penh: Ho Bampenh, Hem Vitoura; Royal Highness Hotel, Phnom Penh: Doung Ritthy; Ministery of Foreign Affairs: Chhoeung Chamroeun; Thon What, Lim Pao Lay, Mr. Sawan; Mrs. Ny (Dany); Seiha Hor in Phnom Penh; Mrs. You-Rath in Pursat.
Laos: Indochina Services Vientiane: Drs. Irène Ploeg und Team; Markus Peschke – Indochina Spirits (Restaurant und Tour-Operator), Luang Prabang: Savanh Banhao Travel, Luang Prabang; Christian Kruppa, Berlin/ Phnom Penh; Malaysia Airlines
Gewidmet Cecil & Tabea

Die Autoren:
Martina Miethig ist ausgebildete Journalistin und freie Autorin mehrerer Reiseführer für bekannte Verlage über Länder in Südostasien. Laos und Kambodscha und deren herzliche buddhistische Bewohner kennt sie seit Jahren durch zahlreiche Begegnungen und Reise-Abenteuer auf eigene Faust. Sie schrieb den Essay, die drei Laos-Kapitel und «Planen, Reisen, Genießen».
Karl-Ludwig Wetzig ist graduierter Skandinavist, der u.a. sechs Jahre lang als Universitätslektor in Reykjavík lebte und im C.J. Bucher Verlag den Panoramabildband über Island veröffentlichte. Als Reiseautor berichtete er auch schon aus Südostasien und Sri Lanka. Für den vorliegenden Band reiste er im März 2001 durch Kambodscha. Er schrieb die beiden Kambodscha-Kapitel.
Er dankt für freundliche Unterstützung: Royal Brunei Airlines und Bangkok Airways sowie Christiane Heinen von Indochina Services.

Einbandfotos:
Vorderseite: Wat Phnom, Phnom Penh, Kambodscha (rechts), KhmerTänzerin, Kambodscha (links)
Rückseite: Allee in Tha Kaek, Laos

Vor- und Hintersatz: Figur aus der Sammlung des Museums im ehemaligen Königspalast, Luang Prabang, Laos.
S. 1: Auf der Nationalstraße 5, Kambodscha
S. 3: Detail vom Wat Xieng Thong, Luang Prabang (oben); Khmer-Tänzerinnen im Königspalast von Phnom Penh (unten).

Textnachweis

Das Zitat auf S. 10 stammt von Christopher J. Koch: Das Verschwinden des Michael Langford. Aus dem Englischen von Reinhild Böhnke. Fischer Verlag, Frankfurt am Main 1995.

Bildnachweis

Ana, Paris: S. 41, 62 u., 120 u. (Huteau); Anzenberger, Wien: S. 120 o.r., 121 u.r.; Atlantide, Florenz: S. 20/21, 100 o., 121 l. (Amantini); Archiv für Kunst und Geschichte, Berlin: S. 23 o., 110 2.v.u.r.; Bildarchiv Preußischer Kulturbesitz, Berlin: S. 22/23, 28 o.l., 38 u.; Bilderberg, Hamburg: S. 12 o., 44 u. (Boisvieux); Claus-Dieter Brauns, Bad Liebenzell: S. 10 u.r., 16, 17, 26/27, 44/45, 74 M.; corbis/picture press, Hamburg: S. 120 M.o., 121 o.r., 138 u.; dpa, München: S. 22 u. (2), 23 u.r.; Das Fotoarchiv, Essen: S. 2 (großes Bild, Holbrook), 22 o.l. (Stark); Laif, Köln: S. 6/7, 14/15, 18 u., 35 o. (Kirchner), 62 o., 92 (4), 92/93, 93 (2) (Hartz), 120 l. (Kirchner), 129 u. (Celentano); Kai-Ulrich Müller, Berlin: S. 80/81; Roger-Viollet, Paris: S. 22 o.r., 23 u.l., 28 u. (3), 28/29, 29 u.; Jochen Unold, München: S. 29 o. (2).
Alle übrigen Abbildungen stammen von Martin Thomas.

Alle Karten dieses Bandes zeichnete Annette Hermes, Kartographie Hermes, Göttingen.
Die meteorologischen Daten der Klimatabellen auf S. 144 und 145 stammen vom Deutschen Wetterdienst, Hamburg.

Wir danken allen Rechteinhabern und Verlagen für die Erlaubnis zu Nachdruck und Abbildung. Trotz intensiver Bemühungen war es nicht möglich, alle Rechteinhaber zu ermitteln. Wir bitten diese, sich an den Verlag zu wenden.

Alle Angaben dieses Bandes wurden vom Autor sorgfältig recherchiert und vom Verlag auf Stimmigkeit und Aktualität geprüft. Allerdings kann keine Haftung für die Richtigkeit der Informationen übernommen werden. Für Hinweise und Anregungen sind wir dankbar. Zuschriften an den C.J. Bucher Verlag, Lektorat, Paul-Heyse-Straße 28, 80336 München.

Laos · Kambodscha
Bucher Global
Reihenkonzeption: BUCH UND BILD Verlagsservice Axel Schenck
Bildgestaltung: Joachim Hellmuth
Lektorat: Claudia Welker-Sebald, Gesche Wendebourg, Jutta Ressel
Korrektorat: Vera Plückthun
Bilddokumentation: Susanne Schauer
Graphische Konzeption: Michael Keller
Graphische Gestaltung: Werner Poll
Herstellung: Angelika Kerscher, Gabriele Kutscha
Lithographie: DG Medien GmbH, Heidelberg
Gesamtherstellung: ColorDruck, Leimen
gedruckt auf HEIDELBERG Speedmaster
Farbe: NovaArt von K + E
Papier: Magno Satin 170g/qm von SCHNEIDERSÖHNE, Ettlingen
Das Werk erscheint im C.J. Bucher Verlag. Der C.J. Bucher Verlag ist ein Unternehmen der Econ Ullstein List Verlag GmbH & Co. KG, München

Printed and bound in Germany
ISBN 3-7658-1289-7